U0505568

本书由
中央高校建设世界一流大学（学科）
和特色发展引导专项资金
资助

中南财经政法大学“双一流”建设文库

创｜新｜治｜理｜系｜列｜

我国义务教育服务均等化的财政保障机制研究

张朝举　著

中国财经出版传媒集团

经济科学出版社
Economic Science Press

图书在版编目（CIP）数据

我国义务教育服务均等化的财政保障机制研究/张朝举著.
—北京：经济科学出版社，2020.10
（中南财经政法大学“双一流”建设文库）
ISBN 978－7－5218－1976－2

Ⅰ.①我…　Ⅱ.①张…　Ⅲ.①义务教育－公共服务－教育财政－保障体系－研究－中国　Ⅳ.①G526.7

中国版本图书馆 CIP 数据核字（2020）第 198289 号

责任编辑：孙丽丽　纪小小
责任校对：李　建
版式设计：陈宇琰
责任印制：范　艳　张佳裕

我国义务教育服务均等化的财政保障机制研究
张朝举　著
经济科学出版社出版、发行　新华书店经销
社址：北京市海淀区阜成路甲 28 号　邮编：100142
总编部电话：010－88191217　发行部电话：010－88191522
网址：www.esp.com.cn
电子邮箱：esp@esp.com.cn
天猫网店：经济科学出版社旗舰店
网址：http://jjkxcbs.tmall.com
北京季蜂印刷有限公司印装
787×1092　16 开　14 印张　235000 字
2021 年 6 月第 1 版　2021 年 6 月第 1 次印刷
ISBN 978－7－5218－1976－2　定价：56.00 元

总　序

"中南财经政法大学'双一流'建设文库"是中南财经政法大学组织出版的系列学术丛书，是学校"双一流"建设的特色项目和重要学术成果的展现。

中南财经政法大学源起于1948年以邓小平为第一书记的中共中央中原局在挺进中原、解放全中国的革命烽烟中创建的中原大学。1953年，以中原大学财经学院、政法学院为基础，荟萃中南地区多所高等院校的财经、政法系科与学术精英，成立中南财经学院和中南政法学院。之后学校历经湖北大学、湖北财经专科学校、湖北财经学院、复建中南政法学院、中南财经大学的发展时期。2000年5月26日，同根同源的中南财经大学与中南政法学院合并组建"中南财经政法大学"，成为一所财经、政法"强强联合"的人文社科类高校。2005年，学校入选国家"211工程"重点建设高校；2011年，学校入选国家"985工程优势学科创新平台"项目重点建设高校；2017年，学校入选世界一流大学和一流学科（简称"双一流"）建设高校。70年来，中南财经政法大学与新中国同呼吸、共命运，奋勇投身于中华民族从自强独立走向民主富强的复兴征程，参与缔造了新中国高等财经、政法教育从创立到繁荣的学科历史。

"板凳要坐十年冷，文章不写一句空"，作为一所传承红色基因的人文社科大学，中南财经政法大学将范文澜和潘梓年等前贤们坚守的马克思主义革命学风和严谨务实的学术品格内化为学术文化基因。学校继承优良学术传统，深入推进师德师风建设，改革完善人才引育机制，营造风清气正的学术氛围，为人才辈出提供良好的学术环境。入选"双一流"建设高校，是党和国家对学校70年办学历史、办学成就和办学特色的充分认可。"中南大"人不忘初心，牢记使命，以立德树人为根本，以"中国特色、世界一流"为核心，坚持内涵发展，"双一流"建设取得显著进步：学科体系不断健全，人才体系初步成型，师资队伍不断壮大，研究水平和创新能力不断提高，现代大学治理体系不断完善，国际交流合作优化升级，综合实力和核心竞争力显著提升，为在2048年建校百年时，实现主干学科跻身世界一流学科行列的发展愿景打下了坚实根基。

“当代中国正经历着我国历史上最为广泛而深刻的社会变革，也正在进行着人类历史上最为宏大而独特的实践创新”，“这是一个需要理论而且一定能够产生理论的时代，这是一个需要思想而且一定能够产生思想的时代”①。坚持和发展中国特色社会主义，统筹推进“五位一体”总体布局和协调推进“四个全面”战略布局，实现“两个一百年”奋斗目标、实现中华民族伟大复兴的中国梦，需要构建中国特色哲学社会科学体系。市场经济就是法治经济，法学和经济学是哲学社会科学的重要支撑学科，是新时代构建中国特色哲学社会科学体系的着力点、着重点。法学与经济学交叉融合成为哲学社会科学创新发展的重要动力，也为塑造中国学术自主性提供了重大机遇。学校坚持财经政法融通的办学定位和学科学术发展战略，“双一流”建设以来，以“法与经济学科群”为引领，以构建中国特色法学和经济学学科、学术、话语体系为己任，立足新时代中国特色社会主义伟大实践，发掘中国传统经济思想、法律文化智慧，提炼中国经济发展与法治实践经验，推动马克思主义法学和经济学中国化、现代化、国际化，产出了一批高质量的研究成果，“中南财经政法大学‘双一流’建设文库”即为其中部分学术成果的展现。

文库首批遴选、出版二百余册专著，以区域发展、长江经济带、“一带一路”、创新治理、中国经济发展、贸易冲突、全球治理、数字经济、文化传承、生态文明等十个主题系列呈现，通过问题导向、概念共享，探寻中华文明生生不息的内在复杂性与合理性，阐释新时代中国经济、法治成就与自信，展望人类命运共同体构建过程中所呈现的新生态体系，为解决全球经济、法治问题提供创新性思路和方案，进一步促进财经政法融合发展、范式更新。本文库的著者有德高望重的学科开拓者、奠基人，有风华正茂的学术带头人和领军人物，亦有崭露头角的青年一代，老中青学者秉持家国情怀，述学立论、建言献策，彰显“中南大”经世济民的学术底蕴和薪火相传的人才体系。放眼未来、走向世界，我们以习近平新时代中国特色社会主义思想为指导，砥砺前行，凝心聚

① 习近平：《在哲学社会科学工作座谈会上的讲话》，2016年5月17日。

力推进“双一流”加快建设、特色建设、高质量建设，开创“中南学派”，以中国理论、中国实践引领法学和经济学研究的国际前沿，为世界经济发展、法治建设做出卓越贡献。为此，我们将积极回应社会发展出现的新问题、新趋势，不断推出新的主题系列，以增强文库的开放性和丰富性。

“中南财经政法大学‘双一流’建设文库”的出版工作是一个系统工程，它的推进得到相关学院和出版单位的鼎力支持，学者们精益求精、数易其稿，付出极大辛劳。在此，我们向所有作者以及参与编纂工作的同志们致以诚挚的谢意！

因时间所囿，不妥之处还恳请广大读者和同行包涵、指正！

中南财经政法大学校长

前　言

教育公平是整个社会公平的基础，而义务教育公平是整体教育平等、机会平等原则实现的基础。义务教育公平能够给人提供公平竞争的机会，帮助弱者改善其生存状态，减少社会性的不公平，是实现社会公平的起点，是构建和谐社会的基石。

我国于1986年提出实施九年制义务教育，在三十多年的实践中，国家通过不懈努力基本上普及了义务教育，取得了举世瞩目的成就。但是，也出现了一些亟待解决的问题，其中，教育不公平问题是重中之重。近年来，教育已经成为当前中国社会阶层分化的一部分。2006年新修订的《义务教育法》明确了义务教育的公共属性，同时把实现义务教育均衡、解决义务教育发展过程中的不公平问题作为今后的发展方向。如何从根本上消除我国义务教育财政投入不均衡状况，成为我国当前和今后一段时期的重要课题。

可以看到，当前我国义务教育服务的非均等发展问题是客观存在的。在现有的义务教育财政制度下，由于我国各地区经济社会发展的不平衡，城乡二元经济结构问题突出，使我国区域间、城乡间的义务教育服务供给呈现不均衡的状况。虽然近些年我国义务教育财政体制不断完善，但义务教育服务不均衡问题仍旧非常突出，已成为影响社会公平正义的重要因素。因此，为了更好地解决我国义务教育服务非均等问题，以我国现阶段义务教育财政体制为背景，对我国义务教育服务不均衡问题进行深入研究具有重大的理论和现实意义。通过对这一问题的研究，将为我国建立公平合理的义务教育财政体制厘清思路，从而为实现我国义务教育服务均等化提供现实路径。

本书以我国现阶段义务教育财政体制改革为背景，对我国现阶段义务教育非均等的现状进行梳理，通过对我国区域间、城乡间义务教育不均衡现状的实证分析，找出非均等的原因，在借鉴国际经验的基础上，提出了解决我国义务教育非均衡问题的对策，从而为实现我国义务教育服务均等化提供对策建议。

本书在结构上，首先介绍了选题背景和选题意义，同时还介绍了国内外关于义务教育服务均等化的研究状况，然后介绍了研究对象和研究方法，接着又阐述了研究思路和基本框架，最后介绍了本书的创新点和不足之处。

在义务教育服务均等化理论分析部分，首先对义务教育的属性进行了辨析，指出义务教育是基本公共服务，促进义务教育均等化是政府义不容辞的责任。然后，重点分析了义务教育均等化的理论基础、相关概念和实施标准，其实施标准是资源配置均等、受教育权利均等和预期结果均等。

在我国义务教育均等化理念与财政政策演进部分，首先梳理了我国义务教育入学机会均等化的实现过程，接着对我国义务教育免费政策的发展历程也做了总结。其次，对我国义务教育过程均等化实现这一政策演进过程，进行了详细的分解和梳理，接着对我国义务教育资源配置均衡政策的历史变迁过程也进行了总结。通过这一部分的分析，为后面部分提供现实基础。

在我国义务教育服务非均等的现状分析部分，通过对我国义务教育服务规模和结构进行测算与分析，在测算过程中构建投入类指标、产出类指标和受益类指标三个指标体系，利用离差、标准差、变异系数、基尼系数等方法测算了我国当前地区间、城乡间义务教育服务非均等的现状。

在我国义务教育服务非均等的原因分析部分，采用基于回归的分解方法对我国地区间义务教育服务非均等的影响因素进行了分析，得出县级财力、转移支付和经济发展水平是最重要的三个因素这一结论。利用省级面板数据模型对我国城乡义务教育服务非均等影响因素进行分析，得出经济越发达的地区，地方政府的财力越雄厚，越能推动辖区内的义务教育公共服务的均等化这一结论。另外，利用 CFPS 数据的经验证据进行实证分析，发现省内财政分权是导致城乡义务教育公共服务非均等的最主要因素。

在义务教育服务均等化的国际经验借鉴部分，分别借鉴了美国、法国和日本三个发达国家，以及印度、巴西两个发展中国家促进义务教育服务均等化的实践经验。由此发现以下方法可以促进义务教育服务均等化目标的实现：一是运用法律手段来保障教育经费的公平投入；二是建立规范的义务教育财政转移支付制度；三是针对弱势群体采取差异化的财政扶持措施；四是实行中央拨款和市场化运行机制。

在促进我国义务教育服务均等化的财政对策选择部分，笔者针对我国义务教育服务非均等的现状提出了以下政策建议：一是完善义务教育服务均等化的经费投入机制；二是优化义务教育服务均等化的财政管理体制；三是加强义务教育服务均等化的法律体系建设；四是促进义务教育服务均等化的其他财政措施，主要包括设立专门支持义务教育的税种、拓宽筹资渠道、鼓励社会资金参与、探索教育券制度等。

目　录

导论

一、问题的提出　2
二、文献综述　7
三、研究对象和研究方法　16
四、研究思路与基本框架　18
五、创新与不足　20

第一章　义务教育服务均等化：理论分析

第一节　义务教育属性与政府责任　24
第二节　义务教育均等化的含义及其标准　33

第二章　我国义务教育均等化理念与财政政策演进

第一节　义务教育入学机会均等化与免费政策的实现　44
第二节　义务教育过程均等化与资源配置均衡政策的推进　56

第三章　我国义务教育服务非均等的现状分析

第一节　我国义务教育公共服务指数体系、规模测算和结构分布　68
第二节　我国地区间义务教育公共服务非均等程度评估　86
第三节　城乡间义务教育公共服务均等化进程评估　100

第四章　我国义务教育服务非均等的影响因素分析

第一节　地区间义务教育服务非均等影响因素分析：基于回归的分解方法　110
第二节　城乡义务教育服务非均等影响因素分析：基于省级

面板数据模型 115
第三节 义务教育质量（结果）均等化的影响因素分析：来自 CFPS 数据的经验证据 118

第五章 义务教育服务均等化的国际经验借鉴
第一节 发达国家促进义务教育服务均等化的实践 128
第二节 发展中国家义务教育服务均等化的实践 148
第三节 国外义务教育服务均等化的经验与启示 155

第六章 促进我国义务教育服务均等化的财政保障机制
第一节 完善义务教育服务均等化的经费投入机制 160
第二节 优化义务教育服务均等化的财政管理体制 168
第三节 加强义务教育服务均等化的法律体系建设 177
第四节 促进义务教育服务均等化的其他财政措施 182

参考文献 189

导 论

教育公平是整个社会公平的基础，而义务教育公平是整体教育平等、机会平等原则实现的基础。义务教育公平能够给人提供公平竞争的机会，帮助弱者改善其生存状态，减少社会性的不公平，是实现社会公平的起点，是构建和谐社会的基石。我国于 1986 年提出实施九年制义务教育，在三十多年的实践中，国家通过不懈努力基本上普及了义务教育，取得了举世瞩目的成就。但是，也出现了一些亟待解决的问题，其中，教育不公平问题是重中之重。近年来，中国教育不平等的程度严重，教育已经成为当前中国社会阶层分化的一部分，主要体现在教育体制机制的不完善，城乡、区域教育发展不平衡，贫困地区教育发展严重落后等方面。2006 年新修订的《义务教育法》明确了义务教育的公共属性，同时把实现义务教育均衡、解决义务教育发展过程中的不公平问题作为今后的发展方向。《国家中长期教育改革和发展规划纲要（2010－2020)》中明确提出要“建成公共教育服务体系，实现基本公共教育服务均等化”；习近平指出，“教育公平是社会公平的重要基础，要不断促进教育发展成果更多更公平地惠及全体人民，以教育公平促进社会公平正义”①；2018 年国务院政府工作报告中也明确要发展公平而有质量的教育，同时提出一系列措施来解决我国义务教育发展过程中的不公平问题。如何从根本上消除我国义务教育财政投入不均衡的状况，成为我国当前和今后一段时期的重要课题。本书以我国现阶段义务教育财政体制改革为背景，对我国现阶段义务教育非均等的现状进行梳理，通过对我国区域间、城乡间义务教育不均衡现状的实证分析，找出非均等的原因，在借鉴国际经验的基础上，提出解决我国义务教育非均衡的对策，从而为实现我国义务教育服务均等化提供思路。

一、问题的提出

（一）选题背景

20 世纪 70 年代以来，随着我国社会主义市场经济体制的建立和逐步完善，

① 习近平在北京市八一学校考察时的讲话，2016 年 9 月 9 日。

我国的经济建设迈上了新的台阶，居民的生活水平得到了极大的提高，逐渐达到全面建设小康社会的发展目标。但是，由于长期实行城乡分割的二元管理体制，城市乡村经济社会发展严重分化，农村社会经济等许多方面的发展远远落后于城市，城乡义务教育的发展更是如此。此外，区域经济发展的不均衡也导致区域间义务教育发展的严重失衡。虽然我国教育事业的发展取得了世人瞩目的成就，但是城乡和区域教育发展的差距进一步拉大，有可能让经济欠发达省份和广大农村地区的孩子不能接受到正常的义务教育，并影响其未来的发展。

长期以来，社会决策者在制定国家各项方针政策时往往容易忽视农村居民，而优先考虑城市居民的利益。在这种政策的引导下，各种公共资源包括义务教育资源的配置必然会进一步向城市和经济发达地区倾斜。目前农村和经济欠发达省份义务教育已经出现很多问题，尤其是义务教育的资源配置方面，更是普遍存在着教育经费的投入严重不足、师资力量薄弱、教学设备短缺等不合理问题。据统计，2016 年全国普通小学和初中生均预算内公用经费支出标准，最高的北京市为 23 757 元和 45 516 元，而最低的河南省为 5 036 元和 7 811 元，分别相差 4. 7 倍和 5. 8 倍。[①] 此外，不同人群之间接受义务教育服务的情况也有较大差距，部分城乡低收入家庭和社会弱势群体的基本权益还不能得到充分保障。与经济发达省份和城市比较，欠发达省份和农村义务教育在物力、财力和人力资源配置上比较薄弱，教育资源投入严重不足，直接导致许多经济欠发达地区和农村学校的教学用房、学生宿舍等硬件设施远远不能满足学校教育正常运转的需要，与现代化、电子化教育的要求差距甚远。在教学设备方面，欠发达省份尤其是欠发达地区的农村中小学校的语音教室、计算机教室和多媒体教室等现代化信息技术手段严重匮乏，办学条件被城市远远抛在后面。在师资条件方面，这些地区教师的整体素质偏低、年龄偏大、思想比较陈旧，一些优秀的师范类高校毕业生就业选择也以经济发达省份、地区和城市优先，由于经济欠发达地区教师的各种待遇远远低于城市和发达地区的教师，工作的环境也较差，从而造成欠发达地区和农村的教师心理上的极度不平衡，结果是农村和经济欠发达地区优秀的教师资源不断向发达地区和城市流动。我国义务教育资源的配置，在人力资源、物力资源和财力资源等方面出现明显的城乡和区域之间的差

① 数据来源：《教育部　国家统计局　财政部关于 2016 年全国教育经费执行情况统计公告》。

距，严重影响了我国农村、欠发达地区和省份义务教育质量的提高与素质教育的全面发展，义务教育资源配置的极度不合理严重妨碍了义务教育的均衡发展，也进一步弱化了我国的教育公平，从而导致社会阶层的进一步分化。

近年来，义务教育发展的不均衡状况越来越受到社会各界的高度重视。中央政府和地方政府对欠发达省份和地区尤其是这些地方的农村义务教育逐步加大了政府财政的投入力度。2006年新修订的《义务教育法》首次以国家法律的形式提出“义务教育均衡发展”的思想；党的十六届六中全会提出构建社会主义和谐社会的主要任务之一就是“基本公共服务体系更加完备”；党的十七大进一步提出“缩小区域发展差距，必须注重实现基本公共服务均等化”“围绕推进基本公共服务均等化，完善公共财政体系”“优化教育结构，促进义务教育均衡发展”等要求，并明确把教育放在加速推进改善民生为重点的社会建设中；党的十七届三中全会将“城乡基本公共服务均等化明显推进”作为2020年农村改革发展基本目标之一。《国家中长期教育改革和发展规划纲要（2010－2020年)》(以下简称《纲要》）提出到2020年，全面提高普及水平，全面提高教育质量，基本实现区域内均衡发展，确保适龄儿童少年接受良好义务教育。《纲要》明确指出:“均衡发展是义务教育的战略性任务；建立健全义务教育均衡发展保障机制；推进义务教育学校标准化建设，均衡配置教师、设备、图书、校舍等资源；加快缩小城乡差距；建立城乡一体化义务教育发展机制，在财政拨款、学校建设、教师配置等方面向农村倾斜；率先在县（区）域内实现城乡均衡发展，逐步在更大范围内推进；努力缩小区域差距；加大对革命老区、民族地区、边疆地区、贫困地区义务教育的转移支付力度；鼓励发达地区支援欠发达地区。”党的十八届三中全会指出：“统筹城乡义务教育资源均衡配置，实行公办学校标准化建设和校长教师交流轮岗，不设重点学校重点班，破解择校难题，标本兼治减轻学生课业负担。”2016年，国家发布的“十三五”规划纲要提出:“加快教育公共服务的均衡发展，建立城乡统一、重在农村的义务教育经费保障机制，加大公共教育投入向中西部和民族边远贫困地区的倾斜力度。”李克强总理在《2018年国务院政府工作报告》中提出：“完善区域发展政策，推进基本公共服务均等化，逐步缩小城乡区域发展差距，把各地比较优势和潜力充分发挥出来；发展公平而有质量的教育；推动城乡义务教育一体化发展，教育投入继续向困难地区和薄弱环节倾斜。”这些都为我国实现义务教育服务均等化提供了政策保障，也奠定了思想基础，指明了发展方向。

2006年以来，国家开始实施义务教育"两免一补"政策，即全部免除西部农村地区义务教育阶段学生学杂费。2007年扩大到中部和东部地区，对农村贫困家庭学生除免除义务教育学杂费外，还免费提供教科书并补助寄宿生生活费。2011年，全国所有的省、自治区、直辖市均通过了国家的"普及九年义务教育"（"普九"）验收，这标志着我国仅用了25年时间就实现了义务教育的全面普及，解决了适龄儿童"有学上"的问题。此外，国家极力推进城乡义务教育一体化发展改革，集中财力实施"加快中西部教育发展行动计划"中的政策。同时，国家集中政府财力大力实施了"西部地区两基攻坚计划""农村中小学现代远程教育工程"和"西部地区农村寄宿制学校建设工程"。在国家财政资金的保障下，欠发达省份、地区尤其是农村学校的危房改造、教师办公设备、学生食堂和宿舍、图书馆、实验室建设和微机室的配备等办学硬件建设得到了很大的改善，农村和欠发达地区教师的待遇也得到了一定程度的提高，并且政府部门也加大了对义务教育资源配置的监督和管理工作。但是，仅仅通过短时间的努力就弥补义务教育几十年来发展的巨大差距应该是完全不可能的，与经济发达省份和城市义务教育的发展程度相比较，欠发达省份和农村义务教育水平仍然处于比较落后的状态。

（1）欠发达省份和农村地区"普九"的任务目前依然尚未完全实现，部分地区完成"普九"的效率很低，且能力较脆弱。另外，在已经实行"普九"的农村地区，普及的标准很低，且不易巩固。而城市中义务教育的普及任务早已完成，许多发达省份的城市已开始着手普及非义务阶段教育。根据最新的调查显示，近几年，农村地区学生的辍学率、流失率偏高，且呈上升的趋势，有的地方农村辍学率甚至高达10%以上。2013年，农村初中生的毛辍学率达到15.5%，如此之高的学生流失率，已经严重影响了"普九"任务的巩固和提高，不能不引起我们的重视。①

（2）城乡基本公共教育的办学条件存在巨大差异。分级办学的体制使得城乡之间的财力差异必然在义务教育的发展中得到体现，其中主要体现在办学条件的差异上。从生均经费上看，财政对城市学校的支持力度要远远大于农村；

① 杨海：《如何把农村少年留在课堂》，载于《中国青年报》2017年3月15日。

从师资条件上看，城市学校集中了全国大部分优质的教师资源，农村地区中小学教师尽管数量众多，但整体的学历水平与教学能力都较城市教师略差；从物质条件上看，农村学校根本无法与城市学校相提并论，出现了“城市中的学校像欧洲，而农村的学校像非洲”的悬殊差异局面。

（3）流动人口，特别是进城务工就业的农民工子女入学得不到有效保障。随着城市化进程的加快，地区间、城乡间的人口流动越来越频繁，特别是从农村向城市转移的农村劳动力逐渐增多。由于户口限制，其子女要进入公立学校接受教育必须缴纳高昂的借读费或赞助费，因此，能够成为“借读儿童”的比例很少，大部分农民工子女或者返回家乡成为“留守儿童”，或者在城市跟随父母成为“失学儿童”。

义务教育的这些差异，在使笔者深感震撼的同时，也吸引笔者进行深入的思考，这正成为本书研究的起点。笔者期望通过本书的研究，能够回答以下几个方面的问题：①我国义务教育的差距体现在哪些方面？状况到底怎样？②我国义务教育非均等的原因何在？③解决我国义务教育非均等，实现义务教育均等发展的思路和对策是什么？

（二）选题意义

十年树木，百年树人。义务教育是公民接受教育的起点，其基础性决定了对于义务教育水平提升的重要性，纵观世界各国，在任何一个国家，义务教育都是整体教育事业发展的重中之重。教育能够推动生产力的进步和经济的发展，是民族振兴的基石。

首先，我国义务教育服务均等化的研究具有极其重要的理论意义和实践价值。随着我国社会经济突飞猛进发展，我国公民的整体素质和受教育的水平有了较大提高。然而，欠发达省份和农村义务教育经费投入不足，其发展水平十分缓慢，义务教育在经济发达和欠发达地区及省份，以及城市和乡村之间的差距不断扩大，教育不公平日益突出。原因在于，我国二元经济结构和财税体制的作用，使政府财力对我国义务教育的投入总是偏向经济发达省份和城市。义务教育的非均衡发展进一步扩散到了经济、社会等其他各项事业，从而加剧了这些事业的非均衡发展，并进一步固化了社会阶层，加剧了收入分配不公，妨碍了我国城乡社会经济的一体化发展。因此，逐步建立均等化的义务教育财政制度，对于逐步缩小区域和城乡发展差距具有重要的理论意义和实践价值。

义务教育是公共产品，是基本公共服务的重要组成部分，实现义务教育均衡发展是实现基本公共服务均等化的极其重要的环节，为全体国民提供相当的义务教育基本公共服务，是各级政府义不容辞的责任。为促进义务教育基本公共服务均等化的实现，研究如何进一步深化我国的财税体制改革、制定合理和富有成效的财税政策手段，具有重要的理论意义和实践价值。鉴于此，本书在借鉴前人研究成果的基础上，就我国如何建立规范、有序、合理、均等化的义务教育财政制度，较为系统地提出了自己的观点。

其次，探讨实现义务教育服务均等化的途径具有现实可行性。近年来，我国社会主义市场经济体制改革不断深化和扩展，国民经济持续快速健康发展，中国特色社会主义市场经济体制不断发展、优化和完善，经济发展速度保持多年平稳且高速增长。21 世纪以来，国家整体财政能力大幅增强，大多数年份财政收入增长速度超过 GDP 增长速度，社会事业和公共事业不断全面进步，人民生活水平和生活质量大幅提高，生活条件不断改善。一方面，居民个人收入水平不断提高，人民生活的物质需求和精神需求也日益多样化，增加义务教育服务供给是满足人民日益增长的物质文化需求的客观需要和现实要求；另一方面，经济实力的快速增长和国家财政能力的不断强大，为强化义务教育服务供给和逐步实现义务教育服务均等化提供了坚实的物质保障和经济基础。在经济稳定、健康、逐步均衡发展的同时，我国目前所处的社会经济发展阶段也出现了根本性的转变，建立健全公共财政制度成为我国财政改革的方向，社会均衡发展成为当前的发展共识，因此实现义务教育均等化成为继续加快推进我国公共财政体制建设的重要组成部分和内在要求，具有一定的可行性。

二、文献综述

（一）基本公共服务均等化的研究

基本公共服务均等化，伴随着民众对公共型政府建设的迫切需要，成为全国各领域专家学者，尤其是财政学界学者关注的重点问题。为提高公共服务供给总体水平，破解供给不均难题，以促进社会和谐稳定，中共中央在《关于制定“十一五”规划的建议》中首次明确提出“公共服务均等化”的原则要求。党的十九大报告指出，我国社会主要矛盾已经转化为人民日益增长的美好生活需要和不平衡不充分的发展之间的矛盾。《2018 年国务院政府工作报告》中提出，“完善区域发展政策，推进基本公共服务均等化，逐步缩小城乡区域发展差距”。

1. 基本公共服务的概念发展历程

张馨（2004）认为，公共服务是一个财政概念，与公共产品概念相同。刘尚希（2007）把公共服务定义为政府为了居民充分发挥职能，通过掌握的资源，促进社会各阶层进行均等化的享用相关资源。而陈昌盛、蔡跃洲（2007）认为，所谓公共服务是指全体公民不论种族、收入和地位差距如何，都应公平享有的服务。李华（2007）认为，基本公共服务的内容应该涵盖下面几个方面，即基本的民生、社会公共事业、基础性公益服务和公共安全。丁元竹（2008）认为公共服务是政府的基本职责、公民的基本权利，是社会公众均能享有的服务。苏江武（2013）对基本公共服务范围的界定包括就业和社会保障、义务教育、公共卫生和基本医疗、基本设施、公共交通、公共安全、环境保护、科技、文化等，似乎凡是政府的职责，都可以纳入基本公共服务范围。可以看出，关于基本公共服务的概念是仁者见仁，智者见智。

本书关于基本公共服务有以下理解：一是基本，即满足社会大众最基本的需求。二是“公共性”，即市场不能“为”或者不方便“为”的，而民众又迫切需要的产品。三是针对我国当前面临的主要问题，当前均等化基本公共服务的重要任务是缓解那些潜在和现实的社会问题，如义务教育服务、公共医疗服务不足。四是明确当前我国的经济发展阶段和政府的财力，其内涵则应根据我国发展阶段和政府能力的变化而调整。

2. 基本公共服务均等化内涵的厘清

著名诺贝尔奖获得者布坎南（1950）认为，只有向富裕阶层征收适当的税收，然后由政府将这些税收通过转移支付等手段补贴给贫困居民，才可以实现财政均衡。

马国贤（2007）教授认为，基本公共服务均等化无外乎有以下三种模式：财力在各阶层大致相当、各个阶层享有的公共服务数量和质量大致相同、弱势群体享用的最少量的基本公共服务数量大致相同。马教授认为采取第三种模式是最符合我国国情的。贾康教授（2007）认为，改革开放以来，尽管我国社会经济取得了较大发展，但是我国基本公共服务均等化还在较低的水平发展，因此，在今后相当长一段时期，应该强调和促进区域内的基本公共服务均等化，同时逐步提高我国城市和农村之间基本公共服务均等化的水平，在财力还有剩余的基础上，再进一步强调公民间公共服务消费的公平。常修泽（2007）指出，基本公共服务均等化在保证全体公民大体均等享受公共服务的前提下，还要尊重社会成员的自由选择。孙庆国（2009）认为，应该从均等的主、客体和均等的基本标准三个方面来界定基本公共服务均等化，他还明确指出均等的主体主要是社会成员的范围，客体主要指的是基本公共服务，也就是让分布在各个城乡、地区的公众享受水平大致相当的基本公共服务，具有质量大体相同的基本生活保障。吴强（2015）认为，基本公共服务均等化是一种公平正义的发展理念，使不同区域、城乡的社会成员拥有平等的机会去享受差异性的教育、社会保障、就业等公共服务，使其在内容、数量、质量等方面趋于一致，从而使资源配置最优化，实现社会公平公正。

笔者认为，满足公平的基本公共服务要充分考虑每个个体的差异情况，结合政府的财力水平，确保公民之间享受数量和质量相仿的基本公共服务，而不是不考虑实际情况的盲目的无差异的完全相等的公共服务，这是计划经济体制下的“大锅饭”，是低效率的。

3. 基本公共服务均等化实现途径的研究

关于实现基本公共服务均等化的途径，李华（2005）指出，政府应该通过政府间纵向转移支付和横向转移支付来实现公民拥有的基本财力的相对均等化，从而实现居民享有的基本公共服务的均等化。马国贤（2007）认为，应建立以基本公共服务最低公平为基础的财政转移支付制度。吕炜和王伟同（2008）认为，推进基本公共服务均等化的关键环节和重要手段应当为财政体制建设，应该建立纵向和横向转移支付制度，使公共服务需求和供给形成良好的互动。岳军（2009）则认为，通过调整对地方政府的政治激励，促使地方政府以公共服务均等化为目标调整财政支出结构，通过调整对地方官员的激励方式，来促使地方政府行为逐步转向公共服务均等化目标。王伟同（2009）认为，基本公共服务供给渠道应该结合公民需求，并充分满足公民需求，参照管理学的观点应建立顾客（公民）导向的基本公共服务供给机制。张雪（2009）认为，中央应尽快制定《基本公共服务均等化战略规划》，加大基本公共服务的投入力度，出台基本公共服务的供给标准、明确投入的重点、制定相关政府政策和各项政策的推进时间表。贾晓俊（2011）认为，实现公共服务均等化目标的有效手段是均等化的转移支付，其资金分配公式中标准财政收支的科学度量是准确判断各个地区应取得转移支付资金量的关键，也是实现均等化目标的关键。王自亮、陈卫锋（2013）认为通过采取参与式预算等方式，扩大公民公共服务供给的参与度，优化基层政府的财政体系，通过完善地方财政预算安排以及完善专项转移支付等资金调配功能的途径达到均等化的目标。郭庭瑾、尚伟伟（2015）指出，实现公共服务均等化就必须取消针对非城市户籍人口的各项歧视性管理，构建集统一性、全民性、强制性、公平性和保障性等诸多特点于一体的户籍管理制度。

国外学者布坎南（1972）认为，基本公共服务均等化的研究应该结合公平与效率来进行。另外应该对基本公共服务的筹资模式进行系统研究。

（二）我国义务教育服务非均等的研究

1. 我国义务教育服务非均衡的内涵和标准的研究

关于义务教育均衡发展的内涵，国内学者主要从动态、空间和公平维度进行了研究（谈松华，1994；张兴华，2003；翟博，2006；王善迈，2008；刘新成、苏尚锋，2014）。在义务教育均衡发展的标准方面，主要围绕受教育机会公平、过程公平和结果公平展开，如王善迈（2008）提出了受教育权和入学机会公平、教育资源配置公平和教育质量公平；尹华（2013）认为公共教育服务均等化是指政府提高公共教育资源配置的效率，使社会公众在接受基本公共教育服务方面的机会、原则和结果都能均等公平。翟博（2006；2008；2012；2013）、袁振国（2003；2009；2012）、褚宏启和高莉（2010）、温娇秀和蒋洪（2013）、顾铁军和夏媛（2015）等提出了相应的具体评价指标体系。基于上述内涵和标准，一些学者主要集中于从地区间不均衡（杨大利，1997；杜育红，2000；翟博，2007；李祥云，2008；高天智、申莉涛，2016）、城乡间不均衡（袁振国，2005；中央教育科学研究所教育政策分析中心，2007；北京大学中国教育财政科学研究所，2007；温娇秀、蒋洪，2013）、校际不均衡（李秉中，2005；薛海平、王蓉，2009；刘晖、钟斌，2013）、群体间不均衡（赵树凯，2000；程方平，2002；文东茅，2007；吴春霞、王善迈，2008；喻可平，2010）等维度进行分析。实际上也正如王善迈（2012）所指出的，现阶段的国内研究，无论在地区间、城乡间，还是群体间的不均衡都主要集中于教育资源配置均衡，尤其是学校教育资源。事实上，学校教育资源配置的均衡并不必然带来义务教育的均衡发展，并符合国家发展和公众需要的教育公平。凡勇昆、邬志辉（2014）提出要以多维度的视角去看待我国的义务教育，并且指出义务教育要把“人”作为教育中的主体，以人为本；并强调政府在义务教育发展中的重要作用。而当下，国际教育公平特别是基础教育公平的研究重点已经从受教育权和教育资源配置均衡逐步转向教育质量均衡，而现阶段中国义务教育发展也面临着同样的趋势。有关教育质量均衡及其影响因素的文献大多集中于国外。从理论上讲，通过配置各类教育资源来提升教育的质量和水平是教育生产函数的核心（Hanushek，1987；2011；Lau，1979），教育生产函数就是描述教育资源投入如何转变成教育产出的某种数学关系。无论教育资源的投入和教育产出之间的关系有多大或者是否存在关系，都说明了教育生产函数在教育公平和教育效率领域的实践，使得探究教育均衡问题有了更加精确和有效的研究方法，将教育生产函数用于探索义务教育公平，探寻在实现义务教育公平的过程中如何更有效地投入和配置义务教育资源，具有重要的理论价值和现实意义。班级规模、教师资格以及物质资源的投入等因素都被认为是重要的教育投入（Hanushek，2002）。汉纳谢克（Hanushek，2001）进一步研究认为，教育政策的决策不应该集中于资源的投入，这是因为到目前为止，教育资源投入对于学生成绩的影响并不确定。赖斯（Rice，2003）描述了教师变量在教育生产中的重要性，这一点得到了随后研究的支持（Rockoff，2004；Hanushek and Kain，2005；Rivkin et al.，2005），并进一步拓展和分解了教师特征。另外一些研究关注了班级和学校规模（Mosteller，1995；Krueger，1999）。尽管得出的结论也都差别不大，除少数学校因素对学生的成绩会产生显著影响外，学生成绩的差异更多地来自非学校因素的影响，比如家庭因素、社会经济背景因素、社区因素等。其中汉纳谢克（1972）和梅斯克（Mayeske，1972；1973a；1973b）的研究产生了深远的影响，诸多学者把学生的家庭因素特别是家庭社会经济背景（SES）作为变量进行了大量的研究（Park and Emily Hannum，2001；Wossmann，2003；Ali Berker，2009），还有一些研究者分析了家庭关系、家庭规模、出生顺序、家庭信仰、家庭电脑、家庭迁移对教育质量的影响（Monique，2010；Yang Yao，2010；William，2010；Fiorini，2010）。尹昌（Yin Cheong，2017）通过对国家教育定义以及实施中的问题研究，认为义务教育均衡除了受国内个人和当地社会因素、家庭因素影响外，还应该考虑超越本国范围的国际全球化因素的影响。当然国内的少部分研究者适当或者兼顾性地关注了教育质量的影响因素（李春玲，2003；佐藤宏、李实，2006；李煜，2006；刘精明，2008），另外一些研究者开始利用微观数据和教育生产函数方法来分析学生成绩的影响因素（薛海平、闵维方，2008；胡咏梅、杜育红，2008、2009；薛海平、王蓉，2010；薛二勇，2013）。

2. 义务教育服务非均等现状的研究

焦建国（2005）认为，我国的社会经济体制，导致了城市的义务教育供给是财政提供、农村的义务教育供给是农民自己购买的极其不合理的状况。庞笑萌（2009）从财力、物力和人力供给方面系统论述了义务教育不均等的表现。李光龙、陈燕（2010）则从城乡义务教育经费投入情况、城乡义务教育师资条件和城乡义务教育办学水平等方面论证了城乡义务教育存在的巨大差距。郭清扬（2013）认为城乡义务教育资源非均衡表现为：在师资资源方面，欠发达地区的优秀教师都想往城区调，而留守的老师教育水平不足；办学条件方面，农村义务教育办学条件满足不了学生需求；农村学校义务教育发展不起来的另一个因素在于领导法制意识、人本意识淡薄，只看重学校升学率，不重视对新的教育理念的学习，不学习现代学校管理理念。张伟平、王继新（2018）基于我国8省20县（区）的调查提出城乡义务教育的差异主要体现在教育资源配置与其他地区存在差距，经费少、师资缺、质量差、留守儿童等问题是我国义务教育健康稳定发展的“最后一公里”。

3. 我国义务教育服务非均等原因的研究

关于我国义务教育差异的原因，理论界进行了不同角度的探讨，归纳起来主要有以下两个方面。

（1）体制和机制原因。关于义务教育服务非均等的原因，大部分学者都认为是我国义务教育的制度安排非常不合理。高如峰（2004）指出，农村和欠发达地区义务教育经费供给不足，筹资构成状况也不理想，中央和省的转移支付，尚不足以满足这些地区的义务教育服务均等化发展对资金的需求。王蓉（2003）在对我国义务教育资金分配的实证分析中，发现我国义务教育资源随着经济发展水平和财力水平的高低而有差异，经济发达地区，财力水平也高，相应的义务教育资源就丰富。王德文（2003）分析了财税体制对我国义务教育服务的影响。分税制财政管理体制改革，使得财政收入不断向更高一级直至中央政府集中，这样一来负担义务教育责任的基层政府，财力却相对最弱，所以义务教育的资源就不能得到保障。鲍传友（2005）还着重剖析了我国二元管理的户籍制度、土地为国家所有而不能私人交易的土地制度、税收制度、社会保障制度等制度，这在一定程度上都是造成我国义务教育差异的根源。刘立峰（2009）认为，长期的非均等化投入造成城与乡、中心城区与县镇之间义务教育发展水平和质量上的差距。庞笑萌（2009）认为，主管义务教育的政府级次、职能部门过多，各级政府都对我国义务教育的发展负有一定的责任，义务教育的管理还涉及众多政府职能部门，这样一来，影响我国义务教育政策的执行和落实。阎宇（2011）认为地方政府间基础教育管理职责不清，这也导致了我国义务教育的非均等化发展。冯学军（2013）提出由于教育财政制度存在诸多弊端，义务教育依赖于地方政府的经济和财政收支状况，由于地方政府将有限的资源投入到经济项目上，使得义务教育这一公共服务项目受到排挤；城乡二元结构体制导致农村的义务教育财政投入显著低于城镇；财政支出监督机制不完善，导致教育的投资效率不高；短期效益明显的“面子工程”问题严重，导致义务教育的不公平性。张忠华（2014）从宏观、中观、微观三个层面来概括义务教育不均衡的原因，其中宏观层面包括社会生产力发展水平、城乡经济社会发展、文化思想观念、人口地域分布等；中观层面包括城市户籍制度、农村土地制度、重点学校政策、分级办学体制下的教育投资政策等；微观层面包括教育政策执行不力、教师流动不畅、应试教育阻力、流动儿童入学壁垒、教育资源闲置浪费等，这些因素都不同程度地影响着义务教育的均衡发展。

（2）财政分权的原因。乔宝云等（2005）指出，中国式财政分权的作用机制是使政府的资源都倾向于政府投资，而较少用于包括提供义务教育服务的公共服务提供上。卢洪友（2008）通过对我国城乡义务教育 2000～2005 年不均等性的表现与变化研究得出，我国各省生均教育支出水平与人口结构性、师生比、个人及地区经济性因素显著相关，而且，地区间差异较大，应当先解决省内城乡差异的结论。刘光俊、周玉玺（2013）利用 1998～2010 年的省际面板数据，构建计量模型，发现财政分权对教育服务均等化具有负向效应，转移支付则对教育服务均等化具有很小的正向效应，即财政分权程度越高，教育服务均等化程度越差。蒲蕊、沈胜林（2015）提出即使采取财政分权，但是下放到基层政府的权力仍远远不够，政府难以充分了解和把握群众的公共教育需求，公共教育供给不能满足现实需求，从而使得改善公共教育服务不均衡的措施不能完全发挥作用。王英梅（2018）指出，我国实行的义务教育由地方政府负责、分级管理的财政体制会使财政税收收入较高的城市学校的教育事业发展更好，而农村地区由于资源不丰富，财政收入偏低，义务教育难以达到城市的水平，产生了不均衡。

4. 义务教育服务非均等后果的研究

这一研究主要集中在收入分配、社会阶层之间流动和高等教育入学率三个方面。

第一，对收入分配的影响。白雪梅（2004）认为，教育尤其是义务教育的不平等将进一步拉大收入的不平等。张海峰（2006）研究发现，教育不公平带来的收入差距进一步扩大的趋势，会通过代际传递产生深远的影响。王延军、温娇秀（2012）通过构造内生收入函数模型，验证了我国农村省际教育不平等对收入不平等的动态影响，发现农村教育不平等是收入不平等上升的重要原因。第二，对社会阶层之间流动的影响。叶碧英（2006）认为，教育不公平会导致阶层固化，弱势群体将很难向上流动到其他阶层。王小红（2013）认为，农村学生在社会流动与社会地位获得过程中受到高等教育的分层、以城市教育为中心的发展战略等因素影响，使得其处于劣势，很难向上流动到其他的阶层。第三，对高等教育入学率的影响。樊继达（2009）认为，农村学生在大学生源中的比例相较以前有明显下降，尤其是越好的大学，比例就越少。也就是说，城乡义务教育服务的不公平必然影响高校入学状况，进而导致教育结果的不公平。

5. 义务教育服务均等化发展对策的研究

在促进义务教育服务均等化发展对策方面，国内学者进行了大量研究，可以从以下六个方面进行梳理。

（1）大力进行义务教育管理体制改革。周金玲（2005）指出，义务教育是一种具有正外部性的公共品，其经费来源应由中央或者省等高层级的政府来承担，因此应该有相应的制度安排。范先佐（2006）认为，义务教育服务均等化的财政责任应该由政府尤其是省级政府主要承担下来。庞笑萌（2009）建议要充分发挥中央政府的统筹平衡能力，构建一个“供给与生产主体分离、分级互补，投入以中央为主、分项分级共担，宏观管理以省为主、具体管理以县为主”的新义务教育服务均等化管理体制。刘立峰（2009）建议，为解决城乡之间义务教育服务非均等问题，在相当长一段时期，要实行倾斜投入，加大中央政府和省级政府财政对农村，特别是欠发达地区的投入力度。陈光龙、李燕（2010）建议优化我国义务教育服务专项转移支付的结构，建立义务教育一般性转移支付制度，促进城乡义务教育服务均等化。李忠华（2011）提出，强化投入责任，建立合理的经费分配机制，发挥政府拨款的导向作用，建立均等化的义务教育分配机制，公开分配标准和程序，增强透明度，加强政府协调责任，整合教育资源。郭庭谨（2015）提出要建立均衡导向的义务教育财政投入机制，如基本公共服务财政稳定增长的机制；构建事权与财权统一的财政体制，开展委托管理，增强薄弱院校办学实力。李霞（2018）提出建立科学合理的教育经费投入及教师管理机制，由于农村很难招录优秀教师，所以要创新农村初中教师培养模式，以保证农村教师的教学水平。

（2）改革城乡分割的二元户籍制度。石绍宾（2007）认为二元户籍制度带来了先赋性的差距，加剧了城乡义务教育的不公，因此，应改革户籍制度。李光龙、陈燕（2010）建议改革二元经济体制，改革户籍制度，扫除人口流动障碍。张绍荣、朱德全（2015）认为要建立城乡一体的督导评估机制、管理运行机制和信息共享机制，实现城乡义务教育一体发展，实现区域义务教育优质均衡发展。

（3）解决流动人口子女入学问题。王放（2005）认为，流动儿童受教育问题的解决需要各级政府和政府各职能部门的高度重视与密切合作，要从法律、体制、机制和政策各方面形成合力，进行全方位立体化改革。陈光龙、李燕（2010）建议各级政府应当重视农民工子弟学校建设，给予政策倾斜，另外要关爱留守儿童，全社会形成合力为农民工子女创造健康成长的生活和教育环境。钟景迅（2017）提出要建立对弱势群体学生的系统教育资源倾斜和帮扶体系，可通过立法方式提升保障力度，确保弱势群体学生获得更多的优质教育资源。宋美臻（2018）提出要加强农村小规模学校建设，政府带头在农村设立试点学校，以优质师资资源和特色学校建设提升农村教育的吸引力。

（4）提高义务教育资源利用效率。刘立峰（2009）建议对现有学校进行布局调整和整合，该撤的撤，该并的并，该扩大规模的扩大规模，充分发挥财政资金在义务教育服务供给领域的效用，实现义务教育的规模化和集约化发展。郭庭谨（2015）提出开展委托管理，将薄弱学校管理权委托给优质学校进行管理，提高薄弱学校办学能力，实现优质资源的共享；整合优质教育资源，通过“城乡互助共同体”“名校＋弱校”“名校＋打工子弟学校”等多种管理形式，有效扩大优质教育资源覆盖面；落实学区化管理，实现优质资源共享。

（5）颁布义务教育国家标准。胡耀宗（2010）建议颁布义务教育国家标准，国家应该规定全国义务教育供给的最低标准。通过建立义务教育服务均等化发展指标体系，动态监测义务教育发展水平。完善义务教育国家标准，强力执行学校标准化建设政策。中国教科院“义务教育均衡发展标准研究”课题组（2013）提出建立义务教育均衡发展评估的国家标准，从国家层面、省级层面、县级层面及时监测义务教育的均衡发展，及时对相关政策措施进行调整，弥补均衡发展中的薄弱环节，合理配置教育资源。朱德全、李鹏和宋乃庆（2017）提出强力执行学校标准化建设政策，保障义务教育办学条件基本均衡。通过进一步修改与调试标准体系，全力清除校舍危房，科学规划学校与班级规模等以实现义务教育办学条件达标。

（6）提升农民政治影响力。刘颂（2006）建议，通过拓宽农民参与国家政治生活的渠道，促进农村利益得到合理表达，进而提升义务教育服务均等化水平。樊继达（2009）认为，建议完善人民代表大会制度，实现农民与城市居民选举权的对等，拓宽农民参政议政的渠道，才能影响义务教育服务均等化政策的制定者，进而提升我国义务教育服务的均等化水平。

三、研究对象和研究方法

（一）研究对象

本书的研究对象为促进我国义务教育服务均等化的财政保障机制，通过对我国义务教育服务非均衡的现状及成因进行分析，在此基础上进行国际比较研究，同时综合考虑我国实际情况，找出可以促进我国义务教育服务均等化的财政对策。

本书在对我国义务教育服务规模和结构进行测算与分析的基础上，对我国义务教育服务非均等的程度进行测算和评估，从而了解当前我国义务教育服务非均等的现状。然后，采用实证分析方法对我国地区间、城乡间义务教育服务非均等的影响因素进行分析，在借鉴国外经验的基础上，找出促进我国义务教育服务均等化的财政保障机制。主要从下面几个方面着手：一是完善义务教育服务均等化的经费投入机制；二是优化义务教育服务均等化的财政管理体制；三是加强义务教育服务均等化的法律体系建设；四是促进义务教育服务均等化的其他财政措施，主要包括设立专门支持义务教育的税种、拓宽筹资渠道、鼓励社会资金参与、探索教育券制度。

（二）研究方法

本书在对我国义务教育这一基本公共服务不均等现实状况研究的基础上，深入探讨和厘清我国义务教育发展存在严重不均衡的原因，并采用定量分析与定性分析相结合的研究方法，突出国际比较分析与国内实证分析研究，站在政府财政财力投入均衡的视角上来研究义务教育服务发展的现实不均衡问题。

1. 实证分析的方法

针对我国义务教育政府财力投入严重不平衡的现状，本书主要采用实证分析方法搜集各个省级单位的大量现实数据进行实证分析，主要选择了2003～2016年的样本数据。通过实证分析，对我国义务教育非均等状况进行测算和分析。

2. 定性分析的方法

在第一章理论分析和第二章政策演进两部分，主要采用定性分析方法，利用现有的文献，对本书的理论基础和我国义务教育服务均等化政策的历史变迁进行分析。

3. 比较分析法

在研究不同区域、城市和农村义务教育严重失衡的状况时，本书采用相对平均偏差（relative mean deviation）、变异系数（coefficient of variation）、均数的标准差（standard deviation of logs）、基尼系数（Gini coefficient）、迈赫兰指数（Mehran measure）、Piesch measure、卡克瓦尼指数（Kakwani measure）、泰尔熵

度量（Theil entropy measure）、泰尔平均对数偏差测量（Theil mean log deviation measure）九类不平等指数来分别评估投入、产出、受益和产出地区间的不均等程度。通过相关指标的不均衡程度测算，对区域间、省际义务教育不均等状况进行比较分析，同时也对城乡义务教育非均等的现实状况进行细致的比较分析。除此之外，本书还借鉴国外发达国家、发展中国家义务教育均等化方面的经验，从国际比较视角对美国、法国、日本三个发达国家和印度、巴西两个发展中国家的义务教育财政均衡政策进行比较分析。

四、研究思路与基本框架

（一）研究思路

本书的研究思路可概括如下：在文献搜集与概念界定的基础上，从阐述义务教育服务均等化的理论入手，在我国义务教育发展及其均等化政策演进分析的基础上，通过数据分析，了解我国义务教育非均等的状况，进而探究我国义务教育非均等产生的原因，通过衡量指标及模型分析找出非均等的影响因素，借鉴国外该领域的先进理念与做法，提出促进我国义务教育服务均等化的财政政策，进而为我国探索实现义务教育服务均等化提供有针对性的借鉴和参考。

（二）研究框架

本书共分为六个部分，具体内容安排如下：

第一部分为导论。包括问题提出的背景和研究的意义，提出了我国义务教育服务存在大量的非均等问题。指出研究义务教育均等化的财政保障机制有利于我国建立更加科学合理的义务教育财政制度，对于促进我国义务教育均等化、实现教育公平等意义重大。接着，详细介绍了义务教育服务均等化的国内外研究现状。此外，还对本书的研究对象、研究方法、研究思路、研究框架、创新点和不足进行了阐述。

第二部分为义务教育服务均等化的理论分析。通过对义务教育的属性进行分析，指出义务教育是基本公共服务，其提供者应为政府，政府对于促进义务教育公平有着义不容辞的责任。接着，对义务教育的概念进行了界定，在此基础上，提出了义务教育均等的标准。

第三部分为我国义务教育均等化理念与财政政策演进。本部分通过对我国义务教育入学机会均等化与免费政策的实现这一政策历史演进过程的梳理，了解我国义务教育均等化政策的发展脉络，进而掌握了我国义务教育均等化政策的实施内容，从而全面把握当前我国义务教育均等化政策的时代特征。在此基础上，梳理我国义务教育过程均等化的实施现状和资源配置均衡政策推进的过程，以期为现阶段的政策建议咨询做好准备工作。

第四部分为我国义务教育服务非均等的现状分析。通过对我国义务教育公共服务指数体系的设定，对义务教育公共服务规模进行测算，对我国义务教育公共服务结构分布进行分析，在测算过程中构建了投入类指标、产出类指标和受益类指标三个指标体系，利用离差、标准差、变异系数、基尼系数等方法测算了我国当前地区间、城乡间义务教育服务非均等的现状。

第五部分为我国义务教育服务非均等的原因分析。本部分采用基于回归的分解方法对我国地区间义务教育服务非均等的影响因素进行了分析，得出县级财力、转移支付和经济发展水平是影响非均等的最重要的三个因素这一结论。利用省级面板数据模型对我国城乡义务教育服务非均等影响因素进行分析，得出经济越发达的地区，地方政府的财力越雄厚，越能推动辖区内的义务教育公共服务的均等化这一结论。另外，利用“中国家庭动态跟踪调查”（CFPS）数据的经验证据进行实证分析，发现省内财政分权是导致城乡义务教育公共服务非均等的最主要因素。

第六部分介绍了义务教育服务均等化的国际经验借鉴。本部分分别分析了美国、法国和日本三个发达国家，以及印度、巴西两个发展中国家促进义务教育服务均等化的实践。通过比较研究，认为以下措施可以有效促进我国义务教育服务均等化目标的实现：一是运用法律手段来保障教育经费的公平投入；二是建立规范的义务教育财政转移支付制度；三是针对弱势群体采取差异化的财政扶持措施；四是实行中央拨款和市场化运行机制。

第七部分为促进我国义务教育服务均等化的财政保障机制。在本部分笔者提出了以下政策建议：一是完善义务教育服务均等化的经费投入机制；二是优化义务教育服务均等化的财政管理体制；三是加强义务教育服务均等化的法律体系建设；四是促进义务教育服务均等化的其他财政措施，主要包括设立专门支持义务教育的税种、拓宽筹资渠道、鼓励社会资金参与、探索教育券制度等。

五、创新与不足

（一）创新之处

本书尝试在以下三个方面做出创新：

（1）分析视角上的创新。本书改变以往单纯从财政支出视角研究义务教育服务的思路，将财政支出所转换成的义务教育基本公共服务作为切入点，在借鉴卢洪友等（2012）研究的基础上，构建了一个从投入、产出和受益三维视角评估义务教育基本公共服务的指标体系，并且还对原有的评价指标体系进行了延伸和拓展，对各地区义务教育基本公共服务的投入、产出、受益和总体保障水平进行了多视角、全方位的评估。

（2）分析方法上的创新。实现我国义务教育服务均等化的重点在于增加欠发达地区和弱势群体义务教育服务的供给，提高其水平。本书利用测算得到的数据，分别采用相对平均偏差（relative mean deviation）、变异系数（coefficient of variation）、均数的标准差（standard deviation of logs）、基尼系数（Gini coefficient）、迈赫兰指数（Mehran measure）、Piesch measure、卡克瓦尼指数（Kakwani measure）、泰尔熵度量（Theil entropy measure）、泰尔平均对数偏差测量（Theil mean log deviation measure）九类不平等指数评估地区间义务教育基本公共服务的非均等化程度和进程。同时，还进一步构建了一个城乡义务教育基本公共服务均等化指数，评估城乡义务教育均等化。利用不平等分解方法（基于回归的夏普里值分解法）、多层次线性模型（利用CFPS数据）等方法定量分解不平等背后的社会经济影响因素。

（3）研究理论的创新。本书提出了符合我国义务教育服务均等化的财政保障机制研究框架。在借鉴国外研究基础上，从研究客体、研究内容和统计量三个方面进行了框架构建，有利于推进我国义务教育服务均等化的财政保障机制问题规范化研究。

（二）不足之处

（1）本书更加侧重于区域间、省际、城乡间义务教育这一基本公共服务均衡发展的整体性研究，而对县域内及学校间义务教育分布均衡状况涉及的研究内容较少。而且本书更多研究的是我国宏观层面、全局性的义务教育服务非均衡问题，而对微观层面、局部性的义务教育服务非均衡问题没有进行更加深入的研究，这是今后笔者努力的方向。

（2）本书的数据采集均源于《中国统计年鉴》《中国教育年鉴》《中国教育经费统计年鉴》等间接数据，没有进行实地调研，因此没有掌握第一手数据，这在一定程度上也影响了实证分析结果的全面性和说服力。

第一章
义务教育服务均等化：理论分析

第一节　义务教育属性与政府责任

一、义务教育是基本公共服务

（一）中西方教育属性的变迁

在中西方的经济社会发展历史上，教育的属性始终随着现实需要和意识水平的变化而变迁。在西方，教育的属性整体上经历了自由主义时期的“利益性”、凯恩斯主义的“公益性”和新自由主义的“准公益性”。尤其是以亚当·斯密为代表的古典经济学派、以凯恩斯为代表的凯恩斯学派、以萨缪尔森为代表的新古典综合派和以布坎南为代表的公共选择学派都对教育的属性提出了自己的观点。在我国，新中国成立后，随着社会经济体制的变迁，教育属性也经历了计划经济体制下的公益性到商品经济体制、市场经济体制下的准公益性的变化。王善迈、齐守印、厉以宁、孙国英等学者都对我国教育尤其是义务教育的属性发表了自己的观点。

中西方学界对教育属性的界定有一个基本的共同点，那就是基本遵循两个角度，其一是从教育的自然属性出发来界定，其二是从教育的供给方式来界定。

1. 西方关于教育属性的观点

纵览西方教育史，要研究西方关于教育属性的阐释，必须先了解西方教育权的发展，因为西方教育权和教育的自然属性及供给方式均息息相关。教育权在西方的发展大致经历了三个阶段。人类社会早期，教育权体现为私人教育，人类尚未进入文明社会，国家等社会组织尚未成型，教育属于人类自发的、私人性的行为；进入文明社会以后，人类对自我发展的欲望更加清晰和强烈，探索周遭的世界和人类自身已上升为人类的生活诉求，教育权体现为社会教育权，人类的进步被视为整个社会的责任，社会教育权直到中世纪早期仍然盛行，大多数的学校由宗教团体或者社会组织所兴办，为特定的组织或者行业服务，修道院学校和城市学校是其中的代表，前者为庞大的教会服务，后者为手工业服务；伴随着近代民主国家的兴起，国家意识和政府责任观念随之得到强化，社会教育权部分地转变为国家教育权，其作用范围也被国家教育权所限制，国家或者政府对教育的干涉不断加强，这一状态在“二战”后达到巅峰，社会教育权和国家教育权至今仍处于博弈当中，20 世纪 80 年代的“教育重整运动”[①] 就是最好的例子。在教育权的变迁过程中，私人、社会和国家对教育的参与程度强烈地反映了教育属性的变迁，私人部门和公共部门对教育权的博弈也使得教育的属性并不那么清晰或单纯。

（1）自由主义与教育的“私益性”。

自由主义经济学主张大市场、小政府，认为市场内在机制可以维护和促进其自身运行，市场作为“一只看不见的手”推动社会经济发展，政府只需要做好“守夜人”。教育领域的规则也是如此，不需要政府的干预或者强制措施。

古典经济学派创始人亚当·斯密在《国民财富的性质和原因的研究》一书当中提到，“学习一种才能，须进学校，须做学徒，所费不少，这样废去的资本，好像已经实现并固定在学习者身上……学习的时候固定要花费一笔费用，但是这笔费用，可以得到偿还，赚取利润”[②]。从投入和产出的角度讲，教育使受教育者获得了自身技能和素质的提升或者某种公众认可，为之付出的成本也是已回收并源源不断创造收益的，符合“谁受益谁付费”的原则，因此教育具有私益性。在自由主义政治人与经济人、政府和市场都“自利性”的假设下，教育应该自由的由社会来提供，政府不应该进行干涉。

（2）凯恩斯主义与教育的“公益性”。

20 世纪 30 年代初的资本主义世界经济危机向全世界证明了资本主义自由主义的时代已经敲响了暮钟，打破了传统经济学界对万能市场的迷信，人们开始认识到市场在资源配置上发挥作用但也只能发挥一定的作用，凯恩斯主义大政府、小市场的主张开始大行其道。以凯恩斯为首的主流经济学家主张国家干预

---

① 教育重整运动是指 20 世纪 80 年代以来在全世界范围内兴起的教育改革，其核心是引进市场机制，通过市场力量提高教育效率和质量，满足不同消费者的需要。

② ［英］亚当·斯密：《国富论》（上），谢祖均译，新世界出版社 2007 年版。

主义，认为政府在资源配置上比市场更有优势、更具效率。国家或者政府在社会经济生活各个领域的参与加强，部分行业出现了国家垄断主义，教育行业就是其中之一。国家作为选民的发言人、公共利益的代表者引导教育朝着公共教育的方向发展，注重教育的公共性、公益性以及事业性。在此背景下，教育随着国家权力的绝对化具有了垄断性和纯公共产品性质。当然工业化的飞速发展对人才的需求不断扩大，传统的社会教育不能满足需求也是教育被赋予公益性的重要原因。

（3）新自由主义与教育的“准公益性”。

新自由主义产生于20世纪60年代，这一时期资本主义经济世界通胀和失业并存，凯恩斯学派所宣扬的有效率的政府面临严重的效率缺乏，国家干预主义在抵御资本主义经济自身危机方面并没有比自由主义更完善和有效。学界关于政府与市场在公平和效率两方面孰优孰劣展开了大论战，新自由主义应运而生。新自由主义主张政府和市场在经济社会发展中各自扮演不可替代的角色，当然，市场内在的、自发的秩序和通过政府决策与活动发挥作用的外部规则也不是同等重要的，对于市场经济来讲，市场内在秩序仍然是最主要的。市场和政府共同参与到教育产品的供给上来，决定了教育既不具有纯粹的私益性，也不具有纯粹的公益性，而是介于中间的准公益性。也就是说，教育自身属性决定了它的公益性，但政府和市场的双主体供应方式使得教育最终具有准公益性。

公共选择学派代表人物布坎南在凯恩斯的立论基础上提出“国家不是神的造物，它并没有无所不在和正确无误的天赋”①，他认为，政府和政治人并不是大公无私的，他们会在选民意见的基础上追求自身政治利益或者经济利益的最大化，因此，通过政府决策程序所提供的公共产品也就因为人的“私益性”而偏离了“纯公益性”，最终是“准公益性”的。

2. 我国关于教育属性的观点

中国古代教育权的演变和西方社会类似，在经历了私人教育阶段之后迎来了社会教育权和国家教育权此起彼伏、共存交替的阶段。春秋战国时期我国的教育主要以私学为主，百家争鸣，官学方面齐国的稷下学宫一枝独秀；到了大一统的秦汉时期，国家教育权大大加强，“官私分立”，国家教育权和社会教育

① 赵汉平：《西方经济思想库》（第三卷），经济科学出版社1997年版。

权相互促进；唐宋兴起的书院文化是我国社会教育权发展的一座丰碑；之后的朝代中央集权大大加强，国家教育权也随之加强；民国时期，思潮兴起，社会教育权又兴盛起来。新中国成立以后，计划经济体制将私学收归国家，国家教育权基本取代了社会教育权，这与当时政府是经济社会的唯一“操盘手”这一历史背景有关；改革开放以后，教育方面也倡导解放思想，民办学校开始出现，但“官学”依然占据绝对地位，这一阶段社会教育权的复兴无疑是市场经济催化的。

（1）计划经济体制下教育的“公益性”。

新中国成立之初，国家经济社会状况复杂，资源匮乏，百废待兴，百业待举，国家实行全面的国有化。教育领域同样是全面国有化，政府将社会教育权收归国有，将私立学校撤、改、收，赋予了社会主义新面貌，由国家按照统一的程序、标准、要求来发展教育事业。教育行业的发展模式跟随计划经济的大步伐，教育成果完全服务于国家建设，从供给方式角度看，这一时期的教育是纯粹公益性的。“这是在国家神话笼罩下国家与教育高度一体化的教育体制。”①

（2）商品经济体制、市场经济体制下教育的“准公益性”。

党的十一届三中全会提出了“一切以经济建设为中心”和解放思想，人们开始将教育视为一种经济产品，可以通过等价交换来获得。人们不再是被动地接受国家统一提供的教育，而是产生了更多经济能力依托下的个性化的需求，要求学校提供先进的满足其需求的教育产品，不甘教育选择权的缺失。以1985年颁布的《中共中央关于教育体制改革的决定》为契机，社会办学受到鼓舞和推崇，教育权又由国家教育权一统天下到社会教育权、国家教育权分庭抗礼的局面。商品经济体制下受教育成为一种等价交换的过程，投入产出比、个体需求被纳入教育领域，教育开始偏离纯粹“公益性”的轨道，朝着“准公益性”方向发展。

1992年社会主义市场经济体制初步确立，经济发展中的自由程度更甚，人们已经基本习惯了教育作为一种商品进行自由选择。政府政策强调教育必须紧密符合市场经济的需要。教育体制改革朝着现代化的方向深化，何谓现代化，事实证明是彻底打破政府在教育领域的一家独大之位，实现政府办学为主体

① 徐纬光：《社会形态、政治权力和教育体制——当代中国教育体制改革的逻辑》，载于《复旦教育论坛》2004年第2期。

(主要在义务教育领域)、社会办学为辅的机制。1992年颁布的《关于加快发展第三产业的决定》已经将教育定义为“对国民经济发展具有全局性、先导性影响的基础产业”，进一步强调了教育的经济角色。但是教育又不只具有经济角色，“教育具有社会公共服务事业和产业的双重属性”①，公共服务的事业属性决定了它的“公益性”，产业属性又决定了教育最终具有“准公益性”。

(二) 义务教育的属性界定

义务教育作为教育整体的一部分，具有教育的一般属性，但又有其独特属性。学界广泛承认义务教育的公共属性，但就公共性的程度仍存在争议，目前主要有三类观点，其一认为义务教育是纯公共产品，其二认为义务教育是准公共产品，其三认为义务教育是混合产品。以上三类观点均以保罗·萨缪尔森的产品分类标准为理论基础。

保罗·萨缪尔森在《公共支出的纯理论》一文中从自然属性的角度定义了公共产品，他认为：任何人消费某种产品或者服务不会造成他人对这种产品或者服务消费的减少，即称之为公共产品（服务）。也就是说，公共产品具有消费上的非竞争性和受益上的非排他性。非竞争性指的是某种公共产品的消费者多增加一人不会影响其他人对这种公共产品的消费水平，也不需要为这种公共产品的提供投入更多资源；换言之，增加一个消费者的边际成本为0。非排他性指的是不能将不分担成本的消费者从某种公共产品的消费范围中排除出去，消费者也无法通过拒绝分担成本而自主地选择不消费某种公共产品；任何人都不能自主地将他人或者自己排除在某种公共产品的消费范围之外，且社会总消费量等于公共产品的总供给量。萨缪尔森之后的经济学者根据公共产品的非竞争性和非排他性又提出了其两个派生属性：效用的不可分割性和外部性。效用的不可分割性指的是某种公共产品的消费者只能作为一个集体来共享这种公共产品或公共服务，其效用无法分割到个别的消费者身上，“谁受益，谁付款”的原则对公共产品和公共服务是不适用的。外部性指的是某种公共产品的提供不仅使本辖区的居民受益，其效用还会溢出使其他辖区的居民受益，这一点主要针对地方性公共产品而言。

① 谈松华：《中国教育改革和发展中的若干理论和政策问题》，载于《教育研究》2000年第3期。

理论上来讲，具备非竞争性、非排他性、效用不可分割性、外部性这四个特征的产品被称为纯公共产品，但是部分产品并不能完全具备所有这四个特征。部分非竞争性的公共设施可以通过收费、限号等方式实现排他，例如目前国内的交通管制；部分非排他性的资源由于拥堵系数的作用具有竞争性，例如林场、牧场。通常把具有纯公共产品（服务）部分属性的产品称为准公共产品（服务）。一般认为义务教育是准公共产品，是基本公共服务。

从义务教育的提供方式角度看，义务教育具有公共产品属性。2006 年修订版《中华人民共和国义务教育法》规定："义务教育是国家统一实施的所有适龄儿童、少年必须接受的教育，是国家必须予以保障的公益性事业"，以法律条文的形式确认了国家作为义务教育的提供者，义务教育具有强制性。厉以宁认为费用是否由"税收来支付"是判断公共产品的重要标准①，他从提供者身份和教育经费负担方式两个角度出发，认为义务教育由政府提供，经费由政府承担，理应属于纯公共产品。劳凯生从义务教育目的的非盈利性和社会事业性导致它不可能单纯通过市场机制来有效提供这一点出发认为义务教育必然带有公共属性。② 但是对义务教育属性的界定不能仅仅从现象层面的法律强制性规定和政府是主要提供者来实现，必须追本溯源充分考虑义务教育的自然属性。

从义务教育的自然属性角度出发，义务教育具有极强的正外部性、效用的不可分割性、不完全非竞争性和不完全非排他性，属于准公共产品。马斯格雷夫最早从受益角度将产品分为了公共产品和私人产品，义务教育属于低阶段教育，研究表明，低阶段教育对社会的贡献率和国家的获益程度相对较高阶段教育而言更加显著与持续，不仅能够使公民自身素质和人力资本得以提升，对整个社会文明也具有极强的正外部性，因此具有公共产品的特征；义务教育不是针对个别人的教育，是全民教育，有限的教育资源面向全体受教育者，无法也不能分割到个体公民身上，因此具有效用的不可分割性；义务教育普遍被认为是地方性产品，众多的辖区内部为义务教育投入资源，众多的辖区之间竞争全国性的义务教育资源，义务教育在实际生活中并不完全具有非竞争性；人口流动性的客观存在使得向本辖区居民提供的义务教育难以排斥外来居民，例如农民工子弟学校，义务教育又具有不完全的非排他性。因此，可以看出义务教育

① 厉以宁：《关于教育产品的性质和对教育的经营》，载于《教育发展研究》1999 年第 10 期。
② 劳凯生：《教育学》，南开大学出版社 2001 年版。

具有准公共性，是基本公共服务。

二、促进义务教育公平是政府的责任

（一）促进义务教育公平的主体必须是政府

义务教育具有准公共性，既具有一部分公共产品的特征，同时也具有私人产品的部分属性。也就是说，对义务教育的资源配置，市场和政府同时发挥作用，这就难以避免市场的自发选择让义务教育在实现效率的过程中偏离了本应具有的公平，但是，义务教育作为教育之根基，作为基本公共服务，客观上又要求它全民公平，首先从资源配置上公平，其次从教育成效上公平。而义务教育准公共性造成的现状是：其一，义务教育普遍来讲是一种地方性准公共产品，即使有中央政府的政策引导和转移支付影响，但在辖区理论下，各个辖区存在自身资源基数、受中央政府的青睐程度、对义务教育的具体政策、官僚观念和执行力等诸多方面的差异，这就造成对义务教育的资源配置首先存在不公平。其二，当各辖区无法改变义务教育资源配置不公的现状时，根据“以足投票”理论，辖区内的居民具有相对开放的信息，会根据自身经济能力和主观偏好来迁出或者迁入对其义务教育更有利的辖区，带来的直接后果一方面是迁出的原辖区已经投入的义务教育成本白白流失，另一方面迁入的新辖区义务教育达到一定拥堵系数后管理成本会上升，并且会影响其辖区原有义务教育消费者的效用。其三，假设中央政府的转移支付和各辖区之间能够就义务教育的资源配置达成一致意见，确保对义务教育的资源配置基本公平，但是由于外部性的存在，义务教育除了对受教育者本身智力启蒙和人力资本积累有益之外，对其配偶和子女都有很大的收益。家长作为孩子的第一任老师，其义务教育阶段形成的基本价值观念对家庭成员的健康具有积极的影响。此外，义务教育能够推动人们增加慈善捐助，增强社会的凝聚力，改善社会平等和发扬民主，在参加选举时更容易做出合理的选择。[①] 最重要的一点是，由于人口是流动的，个人对社会的

---

① 郭凯：《实现义务教育公共性是政府的责任》，载于《中国特色社会主义研究》2008 年第 8 期。

贡献往往不能物理地局限在某个单独的辖区内，义务教育的受益方除了受教育者本身以外，不会是某个单独的辖区，而是其思想所能延展的区域。简言之，义务教育具有极强的外部性，一个辖区付出成本而更多的辖区受益，单个辖区的边际成本大于整个社会的边际成本，单个辖区的边际收益小于整个社会的边际收益。

以上分析是基于辖区理论下义务教育由政府来提供展开的，具有广泛代表性。将私人或者社会组织也有可能作为义务教育的提供者纳入本书的分析，也不难发现义务教育仍具有不公平性。私人和社会组织作为市场中的逐利者，出于逐利意图提供义务教育将毫无疑问地注重效率忽视公平；出于社会公益或福利意图提供义务教育则不具有对义务教育资源配置达成一致公平协议的能力，因此，经济人视角下的义务教育也具有不公平性。不公平是客观存在的，但公平却又是义务教育之主旨和作用必然要求的。

义务教育之所以冠以义务之名，古今中外各阶级政府之所以将之列为强制性服务，皆源于义务教育有利于国家安全和社会秩序，并有助于提升人力资本，其最大的受益者是国家。爱德华·丹尼森在《美国经济增长影响因素和我们面临的选择》一书中运用柯布—道格拉斯函数对美国 1930 ~ 1960 年国内生产总值（GDP）增长率进行了分析，发现在美国 GDP 年均 2. 93% 的增长率中，有多达 25% 来自劳动力受教育后素质的提高，当然这其中也有义务教育的功勋，因此国家负有举办义务教育的责任①，这是“谁受益，谁负担”原则的客观要求。从“谁有能力，谁负担”的角度来讲，市场是效率的“操盘手”，市场中的个人和社会组织不具有对整个社会资源进行配置的能力或者权力，只有代表诸多选民意愿的民主政府或者能够控制诸多臣民意愿的专制国家才具有全盘布局的能力，才能调动举国资源投资义务教育而不计短期回报，才能通过司法机关制定强制性的法律开展义务教育并保障其有序运行。从政府职能的角度看，通过二次分配促进社会公平是政府的责任，义务教育公平是社会公平的一部分。安东尼·吉登斯认为，“应当改变对贫困和消除贫困的政策的思维方式，一些国家的资料表明，对经历过贫困的大多数人而言，贫困不是一个要求长期帮助的永久条件”②。实际上，在基本满足温饱的条件下，坚持教育扶贫才是一种根本上的扶

---

① 郑贤君：《论公民受教育权的宪法属性》，引自《中国教育法制评论》，教育科学出版社 2003 年版。

② ［英］安东尼·吉登斯：《第三条道路及其批评》，中共中央党校出版社 2002 年版。

贫，教育的公平是消除贫困、促进公平的良策，义务教育作为教育基石，是教育公平的重中之重，也是政府职能应重点施力之处。由此可见，促进义务教育公平是政府义不容辞的必然责任。

（二）政府对促进义务教育公平具有财政责任

公平的实现，有赖于二次分配政策的实施和有效实现。市场是初次分配的主体，政府是二次分配的“操盘手”，政府通过财政手段和货币手段促进二次分配，公共产品和基本服务领域公平的实现主要依赖财政手段，政府对促进义务教育公平具有财政责任。公共财政是政府社会责任和教育公平之间的联系纽带。在政府公共财政的体系内，教育财政支出尤其是义务教育财政支出，首先应当用于提供教育中的基础性产品，即义务教育基本公共服务。

按照罗尔斯的最大最小化公平理论，即“对社会和经济不平等的安排应能使这种不平等既符合地位最不利的人的最大利益，又按照公平的机会均等的条件，使之与向所有人开放的地位和职务联系在一起”①，国家必须大力改进贫困地区的义务教育办学水平，保证贫困地区儿童能够得到基本的九年制义务教育，才能增进全社会的福利。为此，国家必须根据社会发展的需要，制定旨在保证贫困地区办学所需的最低的小学和初中生均教育经费标准，确保这些人口群体可以得到有效学习的最低限度的教育投入和必需的服务，对于达不到这项标准的贫困地区，中央和省级政府应通过财政转移支付的形式对贫困地区进行必要的财政支持，以便实现义务教育财政公平。

盛世明的《义务教育的产品属性及其供给的博弈论分析》一文对各级政府在义务教育中的博弈进行了分析，他通过建立各级政府在义务教育领域的目标函数 $L_i = u_i(x_i, G) + (M_i - x_i - g_i)$，$i = 1, 2, 3$，假定各级政府的效用函数具有柯布—道格拉斯形式，即：$u_i = x_i^{\alpha} G^{\beta}$，$i = 1, 2, 3$，对各级政府如何选择自己最优的策略支出进行了分析。其中：g_i，$i = 1, 2, 3$ 代表各级政府某地区的义务教育投入经费，该地区义务教育的总经费是 $G = \sum_{i=1}^{3} g_i$，并假定中央、省级、地方政府的效用函数为 $u_i(x_i, G)$，$i = 1, 2, 3$，x_i 为除去义务教育支出外的其他公

① ［美］约翰·罗尔斯：《正义论》，何怀宏等译，中国社会科学出版社 1998 年版。

共支出，最终得出结论：某一级政府相信其他两级政府提供的义务教育经费越多，那么它自己提供的经费越少，中央和地方对义务教育经费不提供或者少提供都符合自身利益。因此，各级政府在义务教育经费投入中存在推诿心理，这导致义务教育这种地方性准公共产品应该由地方政府主导供给而中央政府从转移支付角度予以帮助的理论在一定程度上由于政府的自利心理而部分失效。同时，地方政府间对中央转移支付的竞争也是造成义务教育地方性投入不足的重要原因。这种政府间的义务教育投入博弈使得义务教育的公平性大大降低。

上述分析充分说明这方面的不公平源于财政体制的不健全，因此，政府对促进义务教育公平具有财政投入和财政制度完善的责任，不管这份责任应该由哪一级政府具体承担。

第二节　义务教育均等化的含义及其标准

一、义务教育均等化的理论基础

义务教育之所以要求均等化，前提是义务教育本身是一种基本公共服务。义务教育作为一种基本公共服务的理论基础主要是公共产品理论。一般认为最早对义务教育所属的公共产品范畴做出科学界定的是美国经济学家保罗·萨缪尔森，他于1954年在《公共支出的纯理论》一文中提出社会产品都可以被划分为两类：公共产品和私人产品，公共产品即“每增加一个消费者对该种产品的消费都不会减少其他人对这种产品的消费”；继萨缪尔森之后，马斯格雷夫对公共产品的属性进行了定义，他认为纯公共产品具有“非竞争性”和“非排他性”；以此为基础，后继的经济学家根据是否具有“非竞争性”和“非排他性”将社会产品更加详细的分为三类：具有完全竞争性和完全排他性的私人产品、具有完全非竞争性和完全非排他性的公共产品、具有且仅具有非排他性和非竞争性之一属性的准公共产品。

但其实早在萨缪尔森之前就有学者对公共产品或者基本公共服务进行过描述。古希腊哲学家亚里士多德提出，“凡是属于最多数人的公共事物常常是最少受人照顾的事物，人们关怀着自己的所有，而忽视公共的事物；我们对于公共的一切，他至多只留心到其中对他个人多少有些相关的事物”①，这一点在1968年被英国经济学家加勒特·哈丁教授（Garrett Hardin）在《公地悲剧》（*The Tragedy of the Commons*）一文中以“公地悲剧”的理论模型进行了阐述。除此之外，亚当·斯密（Adam Smith）、庇古（Pigou）、林达尔（Lindahl）、鲍温（Bowen）和布坎南（Buchannan）也对公共产品进行了理论阐述。

义务教育作为准公共产品，具有公共产品和私人产品的部分属性，一般意义上可以由市场提供也可以由政府提供，但是义务教育服务具有极大的正外部性，市场供给将导致其作为基本公共服务而严重缺失，因此保证义务教育的供给有效和均等化是政府的责任。

支撑义务教育均等化的理论主要有两块，其一是福利经济学领域的论述，以庇古的国民收入最大化和收入分配均等化为代表；其二是公平与正义理论，代表是罗尔斯的“民主的平等原则”。

（一）福利经济学理论

1902年，英国著名经济学家霍布森（Hobson）在《帝国主义》一书中提出，经济学研究应该将公民的社会福利作为研究的重点和焦点，同时霍布森指出，经济学应该把揭晓当代社会制度下财富分配的一般规律作为研究的主要目标，消除社会收入分配不平等需要通过改进社会财富的分配方法。1920年，福利经济学家庇古（Pigou）率先提出了两个十分重要的概念，即：“国民收入最大化”和“收入分配均等化”，从这两个概念出发，庇古又提出“增进人们福利的方法不仅仅在于国民收入的最大化，还在于努力消除国民收入分配的非均等化”②。与此同时，庇古分析了实现社会福利最大化的途径：第一个途径是通过增加居民个人收入的方式提高其个人对财富的满足感；第二个途径是通过社会财富由富人向穷人转移，减轻社会成员的财富差距，实现社会财富的均等分配。

---

① ［古希腊］亚里士多德：《政治学》，吴寿彭译，商务印书馆1997年版。
② ［英］庇古：《福利经济学》，金镝译，华夏出版社2007年版。

庇古提出的这种“社会福利均等化”的基本理念是基本公共服务均等化的理论落脚点。政府作为公共利益的代言人，它存在的意义是为了使全体或者大多数社会成员的利益得到保障，让全体社会成员共享社会发展的成果，实现社会福利的最大化。这就要求政府必须为大多数公民提供大体相当的基本公共服务。义务教育作为基本公共产品的一种，对于提高居民个人素质、积累人力资本等具有长远意义，且整个国家是义务教育最大的受益者。总之，从福利经济学的角度看，维持义务教育这种基本公共服务的均等化水平是政府义不容辞的责任。

（二）公平与正义理论

古希腊哲学家亚里士多德（Aristotle）认为：“有一种东西，对于人类的福利要比任何其他东西都更重要，那就是正义。”[①] 可见公平与正义作为人类整个群体永恒的追求，学者们对它的研究可谓源远流长。

即使是高度崇尚市场、提出了“大市场、小政府”观点的英国古典经济学家亚当·斯密（Adam Smith）在《国民财富的性质与原因》（1776）一书中也提出：“在市场对社会资源进行最佳配置的前提下，也离不开政府提供必要的公共服务。公平地提供公共服务是现代国家或君主的责任之一。”

美国政治哲学家、伦理学家约翰·罗尔斯（John Rawls）被公认为研究公平、正义问题的权威，他关于公平正义理论的著作《正义论》（1971）在全球范围内产生了广泛而重要的影响，对公平正义问题进行了深刻科学的论证。罗尔斯的正义理论包括“自由的平等原则”和“民主的平等原则”两个基本原则。“自由的平等原则”是指“每个公民对于全体公民所拥有的最广泛平等的权利都应该拥有一种平等的权利”，“民主的平等原则”是指“在机会公平下的平等权利向全体公民开放”，他主张社会不平等和经济不平等都应该符合“民主的平等原则”，即使社会不平等和经济不平等符合“最少受益者的最大利益”。[②] 可以看出，罗尔斯主张的“自由的平等原则”和“民主的平等原则”的侧重点有较大差异，“自由的平等原则”重点在于保证每个公民拥有自由、平等的基本权利，“民主的平等原则”是在认可社会存在不公平的基础上，提出了进行利益分配的基本原则，即保证最少受益者能够获得最多的利益。他又提出社会公平应该不

---

① ［古希腊］亚里士多德：《政治学》，吴寿彭译，商务印书馆 1997 年版。
② ［美］约翰·罗尔斯：《正义论》，何怀宏等译，中国社会科学出版社 1998 年版。

断向“合乎最少受益者最大的利益”倾斜，即在不侵犯公民平等、自由权利的基础上，尽可能照顾最大数量的弱势群体，缩小穷人和富人之间的收入差距，达到提高整个社会生产效率，维护社会发展和谐稳定的目的。罗尔斯提出的公平正义理论对我们正确理解基本公共服务问题具有重要的现实意义和借鉴价值。作为社会利益最重要的分配者和执行者，政府在进行社会剩余资源分配时要充分考虑弱势群体的境遇，适当地向弱势群体倾斜，给予适当的利益关切。从罗尔斯的正义理论出发，义务教育基本公共服务均等化的实质就是政府分配教育资源尤其是义务教育资源时，应该注重充分关注落后地区，保证落后地区享有同发达地区一样的教育资源，这样才能彰显社会公平和社会正义，也是政府必须承担的社会责任和职责所在。

由此可见，公共产品理论主要是从价值属性角度分析了义务教育基本公共服务供给的市场失灵和政府供给的现实必要性与可行性；福利经济学理论主要是从效用角度探讨义务教育均等化对改善社会整体福利的巨大作用；罗尔斯的公平和正义理论主要是从哲学，尤其是伦理角度说明了政府在实现基本义务教育服务均等化过程中当责无旁贷；罗尔斯正义论从多个角度的理论分析都指向“政府”这一主体，也就是说政府应该主动承担实现义务教育服务均等化的责任，政府是实现义务教育服务均等化的责任主体。

二、义务教育均等化的相关概念

《中华人民共和国义务教育法》规定：凡年满六周岁的儿童都应当入学接受义务教育，并且免收学费，家长对子女依法接受义务教育承担法律责任。我国的义务教育和世界大多数国家一样具有强制性和公共性或者准公共性。它是由国家制度保障的、法律规范的、财政全额支付的基本国民教育。我国的义务教育发展自实施以来已取得了显著的成效，但其作为基本公共服务的均等化供给仍然任重而道远。

义务教育作为基本公共服务的重要领域，其均等化是基本公共服务均等化在教育事业上的体现，义务教育具有广泛性、历史延伸性，是体现社会公平和保障国民充分享受基本公共服务的重要组成部分。国家自 20 世纪 80 年代起强调义务教育的普及，目前义务教育普及的目标已经基本实现。

但是由于我国幅员辽阔，地区差距、城乡差距仍客观存在，导致各地的义务教育水平参差不齐，义务教育不均等问题严重。《中国教育与人力资源问题报告（2003）》指出，我国小学人均经费最高的北京市是小学人均经费最低的湖北省的 11 倍，初中生人均经费最高的北京市是初中生人均经费最低的贵州省的 8 倍，而到了 2010 年，据统计，全国普通小学和初中生均预算内公用经费支出标准，最高的北京市为 4 723 元和 6 352 元，而最低的贵州省为 440 元和 624 元，分别相差 10.7 倍和 10.2 倍。[①] 除了教育经费投入的差距，各省市在城乡师生比、学校设施、师资水平等诸多方面存在不均衡。因此，义务教育均等化在我国仍有很长的路要走。那么什么是义务教育均等化？

（一）义务教育的界定

从义务教育发展的历史渊源来看，早在 20 世纪 70 年代，主要资本主义国家已经开始逐步推进义务教育的发展，到目前为止，全世界大多数国家都实行义务教育，甚至把义务教育作为国家发展的基本战略。学界普遍认为义务教育发源于德国，德国的宗教改革使得国内各个宗教派别将教育作为输送宗教观念、发展壮大教派的重要方式，德国义务教育在这样的背景下出现并不断进一步发展。路德派等宗教教派相继创立了义务教育性质的学校，如初等学校（即“德意志学校”）、文法中学及拉丁学校；其后德国更是通过立法形式确保了义务教育的崇高地位，德国魏玛公国 1619 年立法规定：德国 6 ~ 12 岁的儿童必须进入学校接受统一教育，这是世界上公认的义务教育的最早法律条文。

我国历史上社会教育权大受倡导，政府对教育的投入不大，大部分的教育经费也由宗教团体、社会组织、官绅等权贵阶级捐助而来，政府不对教育进行大规模投资。一直到清末民初，义务教育才随着新式教育的出现而萌芽。法律意义上对义务教育地位的确定直到 1904 年的《奏定学堂章程》，它规定了 7 年义务教育：儿童自 6 岁起应当要接受 4 年启蒙教育，10 岁在普通学校修学 3 年。免费的义务教育直到中华民国成立才逐渐推行。其重要标志是 1912 年《学校征收学费规程》规定了“初小、师范、高等师范免收学费”，但是当时国家正处于

---

① 国家统计局：《中国统计年鉴》，中国统计出版社 2011 年版。

复杂的内政外交环境下，教育经费缺乏导致免费的义务教育流于条文并没有真正实现。新中国成立后宪法明确规定了公民的教育权；改革开放期间国家将教育划分为三个阶段，分别是：初等教育、中等教育以及高等教育，直到1986年《中华人民共和国义务教育法》规定："国家实行9年制义务教育。凡满6周岁的儿童，不分性别、民族、种族，应当入学接受规定年限的义务教育。条件不具备的地区可推迟到7周岁。国家、社会、学校和家庭依法保障适龄儿童、少年接受义务教育的权利。国家对接受义务教育的学生免收学费，并设立助学金，帮助贫困学生就学；各省市、自治区可以根据自己的具体情况确定义务教育的推行；义务教育的实施必须贯彻国家的相关政策，要努力提高教学质量，使青少年能够在各方面得到全面的发展"；2006年新出台的《中华人民共和国义务教育法》彻底明确了初等教育6年加上中等教育3年的9年义务教育具有强制性，并规定实行免费义务教育，实现了我国义务教育的公共性和强制性。

义务教育是实现公民个人发展的开端，是实现社会平衡发展的有力手段，是实现中学教育和大学教育公平的前提条件，使得义务教育与其他教育区别开来，是义务教育的规律性使然，是义务教育的本质所在。义务教育作为基本公共服务，具有全民性、基础性和政府保障性。全民性指义务教育的受益者是全体适龄儿童，义务教育的实施要求覆盖全体国民，要求全体国民参与，只要是适龄儿童都有接受义务教育的权利和义务。《中华人民共和国义务教育法》规定，凡是到了法定年龄的人，不分城乡、种族、民族和贫富，都应当依法接受教育。基础性指它不是讲究等级的教育，而是注重公民基本素质普及的基础教育；它不是实行收费的教育，而是实行免费的教育；它不是进行学生的某一方面发展的教育，而是鼓励促进学生实现德、智、体、美全面发展的教育；它不是直接培养专门人才的专业教育，而是为培养专门人才打基础的通识教育；它不是直接培养消费者、享受者的教育，而是为培育合格生产力打基础的教育；它不是要求学生直接去改造世界的教育，而是帮助学生认识世界、了解世界的教育。义务性是指接受基本教育是公民的义务，不接受基本教育是要负法律责任的，这种义务不可能撤销，也不可能转让给其他主体。政府保障性指义务教育的提供和执行由政府负责，政府是推进义务教育的主要责任者。

（二）均等化的界定

首先必须明确，均等不是指"平均"或者"相等"，一般来说，"均等"是指“矛盾暂时的相对统一或协调”。均等只能是相对的，与不均等相辅相成、对立统一，两者之间相互转化。均等的核心本质是协调与匹配，并非是平等。

学界对义务教育均等化发展的内涵形成了较为统一的界定：为了社会的民主和公平，政府通过制定规划和分配资源，保证义务教育的资源配置维持在相对均等的状态，满足义务教育公共性、普及性和基础性的客观要求，使政府有能力向保证受教育者享受数量大体相当、质量大体均衡的教育资源，实现教育机会和教育效果的大体均等。

（三）义务教育均等化的界定

作为基本公共服务的重要组成部分，义务教育必须与基本公共服务均等化要求保持一致的步调和格局。基本公共服务均等化是指政府凭借政治权力获得社会公共资源，用以向社会提供满足公共需求的、在不同发展阶段具有不同标准的、最终实现大致均等的公共产品和公共服务，保障公民在消费公共服务过程中获得相同的机会并实现享受基本公共服务的结果大体相同，并合理注重保护公民的决定权和选择权。基本公共服务均等化有助于实现区域间和群体间的均衡发展，有助于协调公共与效率之间的关系，而不是基本公共服务平均化，因为从经济学角度分析，基本公共服务平均化的主要内容是主流群体产生的社会福利转移给弱势群体，使弱势群体无偿获得了社会福利。这种做法容易导致主流群体失去创造社会福利的动力，同时减弱弱势群体创造社会福利的意愿，社会福利将因此大幅减少。社会福利的减少将导致弱势群体境遇大幅下降，进一步导致社会再分配的无效和不公。

义务教育均等化是指一国公民不区分区域、民族、种族、性别、经济状况、家庭出身、社会地位、宗教信仰等，其获得的教育机会、教育过程和教育结果是均等的，义务教育均等化是一个连贯的循环过程。义务教育均等化可以理解为某个区域，如在几个省级行政区内、一个省级行政区内、一个市级行政区内，在教育经费、办学条件、师资配备等方面的投入上，保证义务教育资源的数量和质量大体一致，实现省际范围内、城乡范围内以及不同阶层和群体范围内教育机会与教育结果的大体均等。义务教育均等化是机会均等、过程均等和结果均等的统一。义务教育均等化不是绝对的概念，而是一个相对的概念，义务教育均等化并不拒绝义务教育的个体差异，反而是在承认一定个体差异的前提下，着重支持落后地区发展义务教育事业，从而实现区域间、城乡间和群体间义务教育发展差距缩小的目标。实际上，义务教育绝对均等化是不公平的，也是不可能实现的，这是因为经济发展水平的不同导致对义务教育资源需求的不同，义务教育绝对均等化并不能因地制宜，难以满足不同地区的现实发展要求，容易产生义务教育服务供给不足或供给过剩现象，难以最优配置义务教育资源，即所说的“不存在绝对的公平，只有最优的公平”。

三、义务教育均等化的标准

目前国内外对义务教育均等化标准的研究主要集中在两个方面，一部分学者认为义务教育均等化必须体现在时间均等上，也就是义务教育必须是连贯的过程均衡；一部分学者认为义务教育均等化必须体现在空间均衡上，也就是城乡均衡、区域均衡和群体均衡。

科尔曼（1989）认为教育均等的概念应包括学生进入教育系统的平等、参与教育的平衡、教育结果的平等和教育影响的平等。① 他概括总结了教育均等的四层含义：一是所有适龄儿童都能接受免费的义务教育服务；二是所有适龄儿童都平等接受普通课程教育；三是所有儿童都可以选择进入拥有同样资源配置的学校；四是儿童的教育机会应该是平等的。詹克斯认为义务教育的不平等主要体现在以下三个方面：一是义务教育资源配置的不平等，二是学生接受平等教育的机会差异大，三是学生在课程质量的选择上也面临着不平等。胡森（1989）从起点公平、过程公平和结果公平三个方面进行了大量研究，认为教育领域的公平也包括三个方面，即个体受教育的起点应该平等、享用教育资源的过程应该平等和公民个体受教育的结果这一最终目标的公平三个层面。② 翟博（2006）认为，义务教育服务的均衡发展就是在教育公平这一原则的有力支配下，国家、各级政府和教育部门制定的有关义务教育的法规、政策，都要严格彰显义务教育均衡发展这一基本价值认同。义务教育资源在不同地区之间、城

① 科尔曼：《教育机会均等的观念》，引自张人杰编：《国外教育社会学基本文选》，华东师范大学出版社1989年版。

② 胡森：《平等——学校和社会政策的目标》，引自张人杰编：《国外教育社会学基本文选》，华东师范大学出版社1989年版。

乡之间、学校之间的配置必须遵循大体相当这一原则；各级、各类学校，要为每一个受教育者提供大体相当的受教育和发展机会，这一原则必须体现在具体的教育活动和教学活动中。[①]

由此可见，义务教育均等化的标准应该体现在三个方面：一是义务教育资源的配置应该大体相当。均衡配置优质教育资源，保证适龄儿童相对平等的教育机会与教育条件，实现所有适龄儿童的同等对待。二是适龄儿童受教育权利的大体相当。关注适龄儿童的受教育权利，保证所有人能够获得平等的入学机会和学习机会。三是义务教育服务预期结果的大体均等。义务教育应当最大程度发挥每个适龄儿童的潜能，并根据适龄儿童的特点提供最适宜的发展条件。

---

① 翟博：《教育均衡发展：理论、指标和测算方法》，载于《教育研究》2006 年第 3 期。

第二章
我国义务教育均等化理念与财政政策演进

按照义务教育均等化的内涵，本章从机会均等和结果均等两个角度阐述我国义务教育均等化的政府发展理念和财政政策演进。第一节主要介绍义务教育入学机会均等化政策的演进状况，以及义务教育免费政策的实现过程。第二节主要介绍义务教育过程均等化政策的发展过程，以及资源均衡配置政策的推进。分析总结政府义务教育均等化的发展理念和推进义务教育均等化的财政政策，不仅有助于了解我国政府在推进义务教育均等化过程中付出的巨大努力，也有利于发现我国政府在推进义务教育均等化过程中的缺陷和不足，为本书后面的政策建议做准备。

第一节　义务教育入学机会均等化与免费政策的实现

自20世纪50年代开始，西方国家对教育公平理论给予广泛的关注，在当时教育公平也被称为教育机会均等。机会均等，也被称为起点公平，指不管何种种族、民族、宗教信仰，也不管经济地位怎样、家庭出身怎样、何种性别，都可以站在同一“起跑线”上，都可以平等地获取义务教育资源。机会均等要求政府制定的教育政策符合大多数人的根本利益，避免社会资源过分集中在某一群体中间，尽可能让更多的社会成员享受均衡的教育资源。

一、义务教育入学机会均等化

义务教育入学机会均等化的概念，在学界没有统一的界定。为了便于研究，本书将义务教育入学机会均等化定义为：义务教育适龄儿童在就近入学的情况下，也能够进入教学硬件设施、教师资源、教学效果相当的学校进行学习和生活。将义务教育入学机会非均等定义为义务教育阶段适龄儿童进入学校学习时不能够享受相同或相当的义务教学硬件设施、教师资源和教学效果。本书在分析我国出现义务教育入学机会非均等化原因的基础上，总结我国政府为实现义务教育入学机会均等所采取的措施。

（一）义务教育入学机会非均等问题的产生

我国义务教育入学机会非均等产生的大背景是新中国成立后推行的重点学校政策，在该政策引导下，义务教育资源分配极度不均衡。我国重点学校政策始于20世纪50年代初期，其制定和推行与当时特有的社会背景及社会现实密切相关。新中国成立后，百废待兴，百业待举，各项事业急需数量众多的优质人才，因此我国急需建立起高质量的教育体系，以便可以为社会经济建设输送大规模的优秀人才。然而，连年战乱严重阻碍了我国教育事业的发展，社会教育资源严重匮乏。结合当时特殊的历史时期和特殊的国情，为了能够迅速为经济建设输送高素质人才，党中央国务院决定先集中有限的教育资源兴办一批重点学校。1953年5月，中央政治局决定兴办重点中学，一个月后，教育部在全国第二次教育工作会议上颁布《关于有重点地办好一些中学和师范学校的意见》，这是第一份有关兴办重点中学的文件通知。1962年12月，教育部下发《关于有重点地办好一批全日制中小学校的通知》，要求各地方政府根据本地区实际情况设置重点中学，教育资源丰富的地区多设置一些，教育资源匮乏的地区少设置一些。这两项政策性文件拉开了兴办重点学校政策的序幕。

党的十一届三中全会作出改革开放战略决策后，我国国民经济开始飞速发展，对人才的需求直线上升，对我国教育水平的提高提出了更高要求。这一阶段，重点学校政策再次被推广开来。1980年，国务院商议和通过了《关于分期分批办好重点中学的决定》，肯定了重点中学在社会主义经济建设中发挥的巨大作用，并认为重点中学能够集中地、迅速地铸就人才。1983年，教育部下发了《关于进一步提高普通中学教育质量的几点意见》，提出将重点中学建成地区教育教学活动的中心。1994年，国务院颁布了关于《中国教育改革和发展纲要》的实施意见，全国各省、自治区、直辖市在《中国教育改革和发展纲要》的指导下，纷纷先后建立了重点学校。

非均衡发展义务教育政策，在提高部分地区、部分学校的义务教育水平的同时，也带来了严重的问题，义务教育水平的城乡差异、地区差异、校际差异不断加大。长期以来的重点学校政策，使得学校间义务教育资源分配严重不均，非重点学校与重点学校之间的差距逐渐拉大，家长们不愿自己的子女输在“起跑线”上，尽最大努力给子女提供良好的教育机会，不得不通过非正常的途径将子女送入重点学校，出现了所谓的“择校风”。按照择校的方式，可分为“以分择校”“以钱择校”“以权择校”。“以分择校”是三种择校方式中较为公平的一种，但“以权择校”和“以钱择校”则是家长们利用人脉和资源，为子女寻求更好的教育资源，“以权择校”和“以钱择校”有违义务教育阶段的公平性要求。另外，我国城乡二元经济结构导致城乡义务教育资源配置严重不平衡，一定程度上影响了社会稳定。因此，义务教育入学机会非均等成为急需解决的问题。

（二）义务教育入学机会均等化的初步关注

义务教育入学机会均等是义务教育公平的基石，为学龄儿童提供一个相对公平的“起跑线”是义务教育工作的重点。自 20 世纪 90 年代发现重点学校教育的弊端以来，我国政府开始非常重视义务教育的均衡发展，加大对义务教育的财政投入力度，出台多项政策促进义务教育入学机会均等。经过长达十几年的努力，九年义务教育普及工作基本完成。进入 21 世纪，我国教育的基本政策都在为促进教育公平而努力，也在为义务教育均等化的实现不懈努力。

1997 年 1 月 14 日，中华人民共和国国家教育委员会（以下简称“国家教委”）颁发《关于规范当前义务教育阶段办学行为的若干原则意见》，其中主要包括三方面内容：第一，明确提出逐步建立起以政府办学为主、社会各界共同办学的新体制，调动社会积极性，推进“两基”（基本普及九年义务教育，基本扫除青壮年文盲），落实“两全”（全面贯彻教育方针，全面提高教育质量）；第二，坚持义务教育“免收学费”“就近入学”及“平等受教育”的原则，规定义务教育阶段公办学校不得招收“择校生”或变相招收“择校生”；第三，义务教育阶段不设重点校、重点班、快慢班，除省级教育行政部门批准的教改试（实）验班外，一般不设试（实）验班，义务教育阶段公办中小学校均不得举办“校中的民办校”或“校内的民办班”，严禁搞“一校两制”。《国家教委关于规范当前义务教育阶段办学行为的若干原则意见》的颁布，具有重大的历史意义，标志着我国停止执行重点学校政策。

虽然教育部已明确规定义务教育阶段不允许设置重点学校和重点班，但是原来的重点学校在硬件条件、教育质量和社会声誉上仍享有较大优势。“高考指挥棒”的存在使得进入原有重点小学和重点初中的竞争激烈程度不减当年，在此背景下，义务教育阶段入学机会非均等化是长期存在的问题，我国政府从未放松推行促进义务教育入学机会均等化的政策。

（三）义务教育入学机会均等化政策

1. 限制“择校”入学的义务教育政策

“择校”现象的出现，破坏了我国义务教育入学机会的公平。1995 年以来，我国颁布了一系列限制择校的教育政策。这些政策中，政策的目的大多集中在改善义务教育入学机会非均等化现象，以及解决义务教育非均等化现象引致的一些问题上。

1995 年 4 月，国家教委发布关于贯彻执行《关于治理中小学乱收费工作的实施意见》的通知，明确规定我国九年制义务教育实施阶段，任何初中和任何小学必须坚持地域上就近入学的原则，不准招收任何形式的“择校生”，严禁把任何个人和团体捐资助学和录取学生联系起来。①

1996 年 5 月，国务院办公厅转发国家教委等部门《关于 1996 年在全国开展治理中小学乱收费工作的实施意见》的通知，规定不招收“择校生”的省、市做好巩固限制“择校生”的已有工作成果，其他省、市需要采用一步到位或分步到位措施解决“择校生”问题，实现就近入学的目标，坚决制止各种以权择校形式的“条子生”和“关系生”。②

1997 年 1 月，国家教委在《关于规范当前义务教育阶段办学行为的若干意见》中规定，在我国九年制义务教育实施过程中，一定要坚持“免收学费”“就近入学”及“平等受教育”这三项基本原则，规定并严格落实义务教育阶段的所有公办学校不得招收任何形式的“择校生”③。

1998 年 11 月，教育部印发的《关于加强大中城市薄弱学校建设，办好义务教育阶段每一所学校的若干意见》的通知中，指出“亟需积极稳妥地推进办学体制的改革，要把办学体制改革与薄弱学校的改造、择校生治理、规范办学行

---

① 《国家教委关于贯彻执行〈关于治理中小学乱收费工作的实施意见〉的通知》，http：//www. hbe. gov. cn/content. php？ id = 1075。

② 《国务院办公厅转发关于国家教委等部门〈关于 1996 年在全国开展治理中小学乱收费工作的实施意见〉》，http：//jw. cqu. edu. cn/content－1710. aspx。

③ 《国家教委关于规范当前义务教育阶段办学行为的若干意见》，http：//www. eol. cn/20010101/19557. shtml。

为，及合理配置教育资源等五个方面，更加有机地结合起来”①。

2000 年 7 月，教育部办公厅印发《关于全国中小学收费专项治理工作实施意见》，指出全国中小学专项治理工作的总体要求是“一个巩固，两项要求，三个重点”。一个巩固是，巩固治理义务教育阶段乱收费和解决京津沪渝四个直辖市及省会城市公办学校招收“择校生”问题的成果，争取两三年内实现全国各省、直辖市义务教育阶段公办学校完全停止招收择校生的目标，依法实行就近入学。②

2002 年 2 月，教育部《关于加强基础教育办学管理若干问题的通知》中说明，坚持九年义务教育阶段公办学校不招“择校生”，进一步对义务教育阶段的择校现象进行治理和疏导。

上述政策基本明确规定义务教育坚持就近入学的原则，严禁实行“择校”入学，这在一定程度上促进了义务教育入学机会均等化的实现。但是我国义务教育阶段教育资源分布十分不均衡，区域之间、城乡之间、校际办学水平和教育质量仍然存在巨大差异，不可能在短时间内消除“择校”现象。

2. *解决乱收费问题的义务教育政策*

义务教育乱收费问题很容易引起义务教育阶段入学机会不均等。党中央、国务院、教育部以及各级人民政府多次下发文件和通知试图解决阻碍义务教育入学机会公平的乱收费问题。义务教育阶段乱收费现象是伴随着“择校”问题产生的，在 20 世纪 90 年代就已经比较常见，受到社会各界的广泛批判，主要包括高收费和借读费等。我国各级政府高度重视治理乱收费现象，出台了一系列文件，基本有效解决了乱收费难题。

1990 年 11 月，国家教委颁布《关于教育系统纠正行业不正之风的通知》，要求实行高收费的中小学校将多收的费用退还给学生家长。

1995 年 4 月，国家教委关于贯彻执行《关于治理中小学乱收费工作的实施意见》的通知中规定取消全国中小学 21 个收费项目，不准学校举办各种收费的“补习班”“补课班”“兴趣班”“提高班”和“超常班”。

1996 年 5 月，国务院办公厅转发国家教委等部门《关于 1996 年在全国开展

① 《教育部关于印发〈关于加强大中城市薄弱学校建设，办好义务教育阶段每一所学校的若干意见〉》，http：//www. moe. edu. cn/publicfiles/business/htmlfiles/moe/s3321/201001/81826. html。

② 《教育部关于印发〈关于全国中小学收费专项治理工作实施意见〉》，http：//www. law – lib. com/lawhtm/2000/72275. htm。

治理中小学乱收费工作的实施意见》的通知，提出不准中小学校以行政手段强制学生购买复习资料和其他商品，不准把社会上对学校的乱摊派转嫁到学生头上，严格控制代收费项目，不准未经政府批准擅自出台新的收费项目或自行提高收费标准。①

2001 年 6 月，国务院纠正行业不正之风办公室、教育部下发《关于进一步做好治理教育乱收费工作的意见》，提出治理教育乱收费重点是要坚决制止农村中小学乱收费行为，多措并举坚决制止基层教育部门和中小学校自身的乱收费行为，省以下各级政府不得出台违反国家和省级政府相关法律和文件规定的乱收费项目，有关政府职能部门不发生乱摊派等不合法合规的收费行为。

从 2004 年开始，直到 2011 年，教育部等七个部门联合采取措施对乱收费问题进行专项整治。从 2004 年开始至 2011 年，连续八年每年颁布《关于治理教育乱收费工作的实施意见》，2007～2011 年，连续 6 年颁布《关于某年规范教育收费进一步治理教育乱收费工作的实施意见》。在这些系列政策中，逐渐明确了九年制义务教育阶段政府收费应该采取“一费制”的收费办法，严禁任何部门乱收费，强调学校应当逐步实行“收支两条线”的收费管理方式，分阶段、分地区逐步实现免收学杂费、书本费、住宿费、借读费等，实现真正的免费义务教育。

2012 年，教育部联合国家发展和改革委员会、审计署印发《治理义务教育阶段择校乱收费的八条措施》的通知。在通知中明确指出：为了实现在 2010 年印发的《教育部关于治理义务教育阶段择校乱收费问题的指导意见》中制定的工作目标，力争经过 3～5 年的努力，使九年义务教育阶段的择校乱收费，不再成为群众反映强烈的问题。② 文件中明确提出了治理九年义务教育阶段择校乱收费的八条基本措施。八条基本措施包括：第一，严格制止学校通过办升学培训班等方式招生和收费的行为。第二，严格制止学校跨区域招生和收费的行为。第三，严格制止学校通过任何考试的方式招生和收费的行为。第四，进一步规范特长生招生，严格制止学校通过招收特长生方式收费的行为。第五，严格禁止学校收取与入学挂钩的捐资助学款。第六，严格制止公办学校以民办名义招

① 《国务院办公厅转发关于国家教委等部门〈关于 1996 年在全国开展治理中小学乱收费工作的实施意见〉》，http：//jw. cqu. edu. cn/content－1710. aspx。

② 《转发〈教育部关于治理义务教育阶段择校乱收费问题的指导意见〉》，http：//www. jxedu. gov. cn/zwgk/jcjyxb/xbwjjl/2011/09/20110905033209115. html。

生和收费的行为。第七，加强招生信息的公开和学籍的规范管理。第八，加大查处力度，加强对执行情况的监督检查，对于有令不止的行为，要坚决予以查处，严肃追究相关责任人的责任。①

上述政策一定程度上遏制了我国现阶段义务教育乱收费问题，但是没能从根本上解决这些问题。直至目前，我国仍未实现义务教育入学机会均等化，唯有解决义务教育阶段入学机会不均等问题，才能从根本上解决乱收费问题。

（四）义务教育入学机会均等化的政策效果

入学机会均等是指每个学龄儿童都享有平等接受教育的权利，即学龄儿童都有不受任何歧视开始学习生涯的机会。义务教育入学机会均等化的实施效果集中表现为教育部门兴办普通小学和普通初中学校数量的增多以及学龄儿童入学率和升学率的提高。

如表 2 – 1 所示，2004 ~ 2012 年教育部门兴办普通小学学校数量呈不断上升趋势，增加数量明显，规模不断扩大，2013 ~ 2016 年逐渐趋于平缓且有下降。县镇教育部门兴办普通小学学校数由 2004 年的 31 599 所增加到 2016 年的 42 355 所，尤其是 2011 年增加幅度最为明显，增加超过 15 000 所；城市教育部门办普通小学学校数由 2004 年的 19 833 所增加到 2016 年的 24 460 所，2011 年增加幅度最为明显，增加数量接近 10 000 所，2011 年之后趋于稳定。

表 2 – 1　　2004 ~ 2016 年教育部门兴办普通小学学校数量　　单位：所

年份	县镇教育部门兴办普通小学学校数	城市教育部门兴办普通小学学校数
2004	31 599	19 833
2005	27 299	17 334
2006	27 849	14 571
2007	29 251	15 407
2008	28 812	15 372
2009	27 975	14 584

① 《教育部联合国家发展改革委员会、审计署关于印发〈治理义务教育阶段择校乱收费的八条措施〉的通知》，http：//news. xinhuanet. com/edu/2012 – 02/24/c_122747102. htm。

续表

年份	县镇教育部门兴办普通小学学校数	城市教育部门兴办普通小学学校数
2010	28 506	14 769
2011	44 089	24 027
2012	45 474	24 007
2013	45 125	23 930
2014	44 288	24 080
2015	43 862	23 887
2016	42 355	24 460

资料来源：国家统计局：《中国统计年鉴》，中国统计出版社 2017 年版。

如表 2 - 2 所示，2004 ~ 2016 年教育部门兴办普通初中学校数量呈不断上升趋势，增加数量较为明显。县镇教育部门兴办普通初中学校数由 2004 年的 14 415 所增加到 2016 年的 21 780 所，其中 2012 年增加幅度最为明显，增加超过 3 000 所；城市教育部门兴办普通初中学校数由 2004 年的 6 010 所增加到 2016 年的 9 400 所，其中 2012 年增加幅度最为明显，增加数量接近 2 000 所。

表 2 - 2　　2004 ~ 2016 年教育部门兴办普通初中学校数量　　单位：所

年份	县镇教育部门兴办普通初中学校数	城市教育部门兴办普通初中学校数
2004	14 415	6 010
2005	15 453	5 722
2006	16 241	5 252
2007	16 868	5 741
2008	16 961	5 815
2009	16 967	5 642
2010	17 163	5 709
2011	17 525	6 775
2012	20 910	8 761
2013	21 150	8 843

续表

年份	县镇教育部门兴办普通初中学校数	城市教育部门兴办普通初中学校数
2014	21 308	9 110
2015	21 687	9 114
2016	21 780	9 400

资料来源：国家统计局：《中国统计年鉴》，中国统计出版社 2017 年版。

如表 2－3 所示，经过几十年的努力，我国学龄儿童入学率、普通小学升学率、普通初中入学率得到显著提高和发展。学龄儿童入学率从 20 世纪 50 年代的 60% 左右提高到最近几年的近似 100%，普通小学升学率从 50 年代的 40% 多提高到最近几年的 99% 左右，普通初中升学率从 50 年代的 30% 多提高到最近几年的超过 90%。从图 2－1 可以看出，2000 年以后我国学龄儿童入学率、普通小学升学率保持基本稳定，普通初中升学率逐年上升，到 2016 年达到 93. 7%，反映出我国义务教育阶段入学工作取得巨大成果。

表 2－3　学龄儿童入学率与普通小学、普通初中升学率统计表　单位：%

年份	学龄儿童入学率	普通小学升学率	普通初中升学率
1957	61. 7	44. 2	39. 7
1962	56. 1	45. 3	30. 0
1975	96. 8	90. 6	60. 4
1978	95. 5	87. 7	40. 9
1979	93. 0	82. 8	40. 0
1980	93. 9	75. 9	45. 9
1981	93. 0	68. 3	31. 5
1982	93. 2	66. 2	32. 3
1983	94. 0	67. 3	35. 5
1984	95. 3	66. 2	38. 4
1985	96. 0	68. 4	41. 7
1986	96. 4	69. 5	40. 6

续表

年份	学龄儿童入学率	普通小学升学率	普通初中升学率
1987	97.2	69.1	39.1
1988	97.2	70.4	38.0
1989	97.4	71.5	38.3
1990	97.8	74.6	40.6
1991	97.8	77.7	42.6
1992	97.2	79.7	43.6
1993	97.7	81.8	44.1
1994	98.4	86.6	47.8
1995	98.5	90.8	50.3
1996	98.8	92.6	49.8
1997	98.9	93.7	51.5
1998	98.9	94.3	50.7
1999	99.1	94.4	50.0
2000	99.1	94.9	51.2
2001	99.1	95.5	52.9
2002	98.6	97.0	58.3
2003	98.7	97.9	59.6
2004	98.9	98.1	63.8
2005	99.2	98.4	69.7
2006	99.3	100.0	75.7
2007	99.5	99.9	80.5
2008	99.5	99.7	82.1
2009	99.4	99.1	85.6
2010	99.7	98.7	87.5
2011	99.8	98.3	88.9
2012	99.9	98.3	88.4
2013	99.7	98.3	91.2

续表

年份	学龄儿童入学率	普通小学升学率	普通初中升学率
2014	99. 8	98. 0	95. 1
2015	99. 9	98. 2	94. 1
2016	99. 9	98. 7	93. 7

注：初中升高级中学包含升入技工学校。
资料来源：国家统计局：《中国统计年鉴》，中国统计出版社 2017 年版。

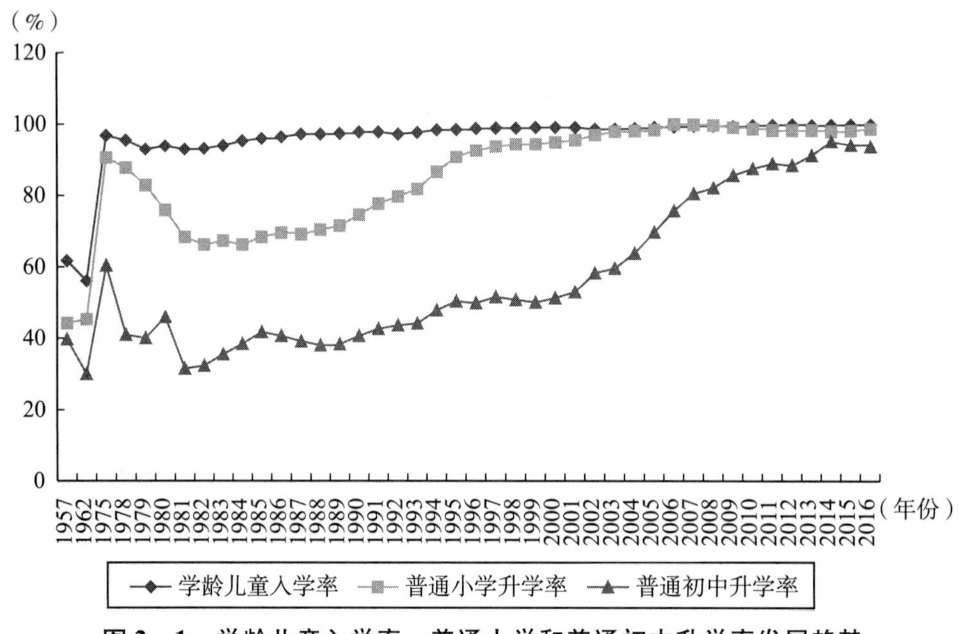

图 2－1　学龄儿童入学率、普通小学和普通初中升学率发展趋势

综上所述，入学率和升学率对衡量义务教育入学机会均等化具有极大的说服力，逐渐提高和稳定的入学率和升学率表明几十年来我国义务教育入学机会均等化工作取得较为突出的成绩，保证义务教育阶段的学龄儿童都能够有机会接受正规的学校教育。同时，接近 100% 的入学率和升学率也从另一个侧面说明九年义务教育的普及和义务教育学费的减免对保证入学机会均等化发挥了不可替代的作用。

二、义务教育免费政策的实现

1986 年《中华人民共和国义务教育法》第十条规定，国家对接受义务教育的学生免收学费，但是没有对学费的定义和范围给予明确解释，“接受义务教育的学生免收学费”中的“学费”二字引起广泛争议，有人认为应该理解为学生支付教师工资的费用，有人认为应该理解为学生在校学习支付的费用。不管怎样理解，当时政府的财政收入极为有限，对义务教育的财政投入也严重匮乏，义务教育阶段学生仍需缴纳一定的学习费用，这种做法给家庭贫困的学生带来沉重负担，但是政府始终无力从财政上给予解决，这一现状一直延续到 2006 年。

2006 年修订后的《中华人民共和国义务教育法》明确规定，“实施义务教育，不收学费、杂费”，这是国家首次从法律层面明确提出了建立义务教育经费保障机制，促进顺利实施义务教育制度，并开始研究加强农村义务教育和深化农村义务教育经费保障机制改革问题。

（一）西部贫困学生先尝“免费果”

2006 年，全部免除西部地区农村义务教育阶段学生学杂费，5 000 多万名西部农村中小学学生得到政策实惠，平均每个小学生当年减轻的负担达到 140 元，初中生当年减轻的负担达到 180 元，贫困寄宿生当年减轻的负担达到 500 元。这一政策的出台致使近 20 万名由于贫困不得不辍学的学生重返学校。[①] 为保证义务教育经费保障机制的贯彻实施，中央政府给予支持 133 亿元财政资金，同时各地方政府配套资金 77 亿元，这一举措使得所有西部农村地区中小学均获得了财政公用经费。

（二）“两免一补”推广全国

2007 年，“两免一补”政策（免杂费、免书本费、补助寄宿生生活费）开始向中东部地区推广，中东部地区农村中小学校开始享受国家的财政资金支持，

---

① 数据来自《我国城乡全面实现义务教育免费历程：三年四大步》，新华社，2008 年 8 月3 日。

"两免一补"政策覆盖了全国40万所农村义务教育阶段的近1.5亿名中小学生。同年底，教育部和财政部进一步明确中、西部地区农村义务教育阶段家庭经济困难寄宿生生活费的基本补助标准，并规定全国农村义务教育阶段学生全部享受免费教科书政策。

（三）城乡全面实现义务教育免费

2008年，北京、天津、上海等16个省区市和5个计划单列市首先开展免收义务教育学杂费试点，试点省、市地区的学生当年减少的负担达到200多元，并且不论就学地点差异，均可以享受政策优惠，使得在民办学校读书的中小学生和进城务工人员子女享受与迁入地同样的优惠待遇，对来自城市低保家庭的中小学生免费提供教科书。这一试点方案使1 700多万名中小学生免除了学杂费，极大减轻了中小学生的学费和杂费负担。

随后，全国范围内实行城市免除义务教育阶段学杂费，使得2 800多万名城市义务教育阶段学生享受政策优惠。至此，全国实现城乡义务教育阶段入学全免费，使1.6亿名中小学生获益，"十一五"期间，新增义务教育财政经费达2 182亿元。

城乡全面实现义务教育免费，对于已经实施了22年之久的义务教育政策来说，是具有划时代意义的、名副其实的里程碑，实现了孔子"有教无类"的理念，从国家制度上保证了不再出现中小学生因贫困而辍学的现象。城乡全面实现义务教育免费并不意味着中国义务教育工作已经大功告成。"义务教育免费"不应该是终点，它只标志着我国义务教育入学机会的均等化，而且"义务教育免费"应该是一个新的起点，意味着我国政府今后需要着力促进义务教育过程均等化，加强经费投入保障机制建设，推进我国义务教育均等化迈向新台阶。

第二节　义务教育过程均等化与资源配置均衡政策的推进

过程均等，也称过程公平或规则公平，要求产生结果的过程对每个人来说是公平的。对义务教育来说，过程均等化要求不同地区不同学校的学龄儿童在接受义务教育的过程中能够享受相同质量或相当水平的教育资源配置。过程均等是沟通机会均等和结果均等的桥梁，是实现两者有机结合的重要途径，我国政府为促进义务教育过程均等化付出了巨大的努力，实行了许多富有成效的政策。

一、义务教育过程均等化

义务教育过程均等化通常包括物力资源均等化、人力资源均等化、特殊群体差异对待三个方面：物力资源均等化可以理解为公平的教育经费投入水平，包括相同的基础设施和办学条件；人力资源均等化可以理解为公平的师资力量配备，包括相同的教师素质和能力；特殊群体差异对待可以理解为能够结合个体的能力差异采取不同的发展模式，使每个人获得相同的教育服务，集中表现为对弱势群体的特殊关注。

（一）经费投入水平均等化

经费投入是义务教育发展的物质保障，只有保持义务教育充足的经费供给，才能保障教师工资的及时支付、校舍建设和维修及时进行。如果难以保证义务教育充足的经费供给，学校也难以正常运转。因此，稳定充足的教育经费投入对发展义务教育发挥了不可替代的作用。

如表 2 - 4 所示，1997 ~ 2012 年我国教育经费逐年增加，从 1997 年的 2 531.7 亿元增加到 2015 年的 36 129.2 亿元，16 年的时间增加了 13 倍之多，在国内生产总值中的比重不断提高，2001 年首次超过 4%，2011 年首次超过 5%；1997 ~ 2012 年我国财政性教育经费也保持着较高的增长幅度，由 1997 年的 1 862.5 亿元增加到 2015 年的 29 221.5 亿元，19 年的时间增长超过 14 倍，财政性教育经费增长速度快于教育经费增长速度，财政性教育经费在国内生产总值中的比重不断提高，2007 年首次超过 3%，历经 5 年时间，到 2012 年突破了 4% 大关，历史性首次完成了财政性教育经费占国内生产总值 4% 的教育目标。

表 2-4　　　　　　　　教育经费与财政性教育经费情况

年份	教育经费（亿元）	财政性教育经费（亿元）	国内生产总值（亿元）	教育经费比重（%）	财政性教育经费比重（%）
1997	2 531.7	1 862.5	78 973.0	3.21	2.36
1998	2 949.1	2 032.5	84 402.3	3.49	2.41
1999	3 349.0	2 287.2	89 677.1	3.73	2.55
2000	3 849.1	2 562.6	99 214.6	3.88	2.58
2001	4 637.7	3 057.0	109 655.2	4.23	2.79
2002	5 480.0	3 491.4	120 332.7	4.55	2.90
2003	6 208.3	3 850.6	135 822.8	4.57	2.84
2004	7 242.6	4 465.9	159 878.3	4.53	2.79
2005	8 418.8	5 161.1	184 937.4	4.55	2.79
2006	9 815.3	6 348.4	216 314.4	4.54	2.93
2007	12 148.1	8 280.2	265 810.3	4.57	3.12
2008	14 500.7	10 449.6	314 045.4	4.62	3.33
2009	16 502.7	12 231.1	340 902.8	4.84	3.59
2010	19 561.8	14 670.1	401 512.8	4.87	3.65
2011	23 869.3	18 586.7	472 881.6	5.05	3.93
2012	27 696.0	22 236.2	519 322.0	5.33	4.28
2013	30 364.7	24 488.2	568 845.2	5.34	4.30
2014	32 806.5	26 420.6	636 138.7	5.16	4.15
2015	36 129.2	29 221.5	685 505.8	5.27	4.26

资料来源：国家统计局：《中国统计年鉴》，中国统计出版社历年版。

如表 2-5 所示，2002～2016 年我国普通小学和普通初中生均公共财政预算教育事业费支出不断增长。普通小学生均公共财政预算教育事业费支出由 2002 年的 813.13 元增加到 2016 年的 9 557.89 元，增长了 10.75 倍，而同期农村普通小学从 2002 年的 708.39 元增加到 2016 年的 9 246.00 元，增加了 12 倍；普通初中生均公共财政预算教育事业费支出由 2002 年的 960.51 元增加到 2016 年的

13 415.99 元，增长了 12.97 倍，而同期农村普通初中从 2002 年的 795.84 元增加到 2016 年的 12 477.35 元，增加了 14.68 倍。从增长速度来看，大多数年份农村普通小学和初中生均公共财政预算教育事业费支出的增长速度快于全国普通小学和初中的增长速度，说明我国农村普通小学和普通初中生均公共财政预算教育事业费支出的增长速度快于城市普通小学和普通初中生均公共财政预算教育事业费支出的增长速度，同时也表明我国政府逐渐实行倾向农村的教育政策，对农村义务教育给予更多的经费支持，不断促进城乡义务教育协调发展。

表 2－5　2002～2016 年生均公共财政预算教育事业费支出情况

年份	普通小学（元）	普通小学增长率（%）	农村普通小学（元）	农村普通小学增长率（%）	普通初中（元）	普通初中增长率（%）	农村普通初中（元）	农村普通初中增长率（%）
2002	813.13	26.01	708.39	28.57	960.51	17.56	795.84	21.28
2003	931.54	14.56	810.07	14.35	1 052	9.53	871.79	9.54
2004	1 129.11	21.21	1 013.8	25.15	1 246.07	18.45	1 073.68	23.16
2005	1 327.24	17.55	1 204.88	18.85	1 498.25	20.24	1 314.64	22.44
2006	1 633.51	23.08	1 505.51	24.95	1 896.56	26.59	1 717.22	30.62
2007	2 207.04	35.11	2 084.28	38.44	2 679.42	41.28	2 433.28	41.70
2008	2 757.53	24.94	2 617.59	25.59	3 543.25	32.24	3 303.16	35.75
2009	3 357.92	21.77	3 178.08	21.41	4 331.62	22.25	4 065.63	23.08
2010	4 012.51	19.49	3 802.91	19.66	5 213.91	20.37	4 896.38	20.43
2011	4 966.04	23.76	4 764.65	25.29	6 541.86	25.47	6 207.1	26.77
2012	6 128.99	23.42	6 017.58	26.30	8 137	24.38	7 906.61	27.38
2013	6 901.77	12.61	6 854.96	13.92	9 258.37	13.78	9 195.77	16.3
2014	7 681.02	11.29	7 403.91	8.01	10 359.33	11.89	9 711.82	5.61
2015	8 838.44	15.07	8 576.75	15.84	12 105.08	16.85	11 348.79	16.86
2016	9 557.89	8.14	9 246.00	7.80	13 415.99	10.83	12 477.35	9.94

资料来源：根据历年《教育部、国家统计局、财政部关于全国教育经费执行情况统计公告》整理。

（二）基础设施与办学条件均等化

基础设施与办学条件不仅直接影响义务教育质量的优劣，而且会对学生的全面发展产生深刻的影响，基础设施主要包括学校教室、实验室、图书室、微机室、语音室等，办学条件主要包括图书馆藏书资源、专业实验设备、专业实习设备、体育器械配备、音乐器械配备和美术器械配备等。良好的基础设施和办学条件是促进义务教育均衡发展的物质基础。本书以小学校舍建筑面积和图书藏量为例说明我国近年来基础设施建设和办学条件发展取得的巨大成绩。如表2－6所示，2006～2016年，我国城市和县镇校舍面积不断增多，县镇增长规模明显超过城市增长规模，表明我国小学基础设施获得优先发展，进一步缩小城乡发展差距，而农村校舍面积呈减少趋势，这与农村地区实行并校政策密切相关，有利于实现农村地区小学规模化发展，同时也有利于提高教育质量。2011年之后由于镇乡结合处的存在，农村校舍面积迅速减少，之后趋于平缓。如表2－7所示，2006～2016年我国城市和县镇小学图书藏量不断增多，说明这些学校的办学条件逐步改善。2011年之后同样由于镇乡结合处的存在，出现了大幅下降的情形，随后缓慢增长。

表2－6　　2006～2016年我国小学校舍建筑面积分布情况　　单位：平方米

年份	城市	县镇	农村
2006	84 986 193	117 885 061	383 524 518
2007	93 279 425	126 272 869	366 491 225
2008	94 436 390	128 313 409	355 405 287
2009	95 585 725	133 594 697	351 217 554
2010	100 771 427	143 547 953	341 787 245
2011	136 069 064	166 516 202	266 545 788
2012	146 120 083	183 197 962	261 301 691
2013	158 066 383	198 103 692	264 478 442
2014	170 915 431	210 470 703	265 585 768
2015	180 098 464	225 836 264	267 585 667
2016	195 049 442	240 672 523	273 922 914

资料来源：根据历年《中国教育统计年鉴》整理。

表 2-7　　2006~2016 年我国小学校图书藏量统计　　单位：册

年份	城市	县镇	农村
2006	269 796 441	335 646 090	876 779 397
2007	293 285 060	357 694 340	836 055 584
2008	296 881 097	368 100 270	813 802 950
2009	305 917 086	382 902 568	780 890 869
2010	317 834 093	415 352 431	774 224 104
2011	445 957 098	477 015 648	593 934 491
2012	501 369 071	547 889 694	610 640 325
2013	549 450 846	600 533 487	620 892 305
2014	601 644 134	638 083 328	623 042 692
2015	650 412 631	695 024 835	636 011 403
2016	717 316 900	759 008 020	657 961 800

资料来源：根据历年《中国教育统计年鉴》整理。

（三）师资力量均等化

教师是教学活动的主要设计者和实施者，教师数量的多少和水平的高低直接决定了教学活动的质量。教师数量的多少可以通过生师比表现出来，生师比是指学校学生的数量与学校老师数量的比值，也可以理解为一名老师需要教育多少名学生。生师比比较低，说明每个教师教育的学生比较少，教育质量相对有保障，表明师资水平比较高。相反，如果生师比比较高，说明每个教师教育的学生比较多，教育质量难以保障，表明师资水平比较差。如表 2-8 和图 2-2 所示，1990~2016 年我国小学和初中生师比不断下降，说明 20 多年来我国师资水平不断提高。不断变低的生师比表明一名老师有更多的精力和时间顾及学生个人自身的发展特点，更好地进行“因材施教”。

表 2-8　　1990~2016 年小学和初中生师比情况　　单位：%

年份	小学生师比	初中生师比
1990	21.90	15.66

续表

年份	小学生师比	初中生师比
1991	22.00	15.74
1992	22.10	15.85
1993	22.37	15.65
1994	22.85	16.07
1995	23.30	16.73
1996	23.73	17.18
1997	24.16	17.33
1998	23.98	17.56
1999	23.12	18.17
2000	22.21	19.03
2001	21.64	19.24
2002	21.04	19.25
2003	20.50	19.13
2004	19.98	18.65
2005	19.43	17.80
2006	19.17	17.15
2007	18.82	16.52
2008	18.38	16.07
2009	17.88	15.47
2010	17.70	14.98
2011	17.71	14.38
2012	17.36	13.59
2013	16.76	12.76
2014	16.78	12.57
2015	17.05	12.41
2016	17.12	12.41

资料来源：根据历年《中国统计年鉴》整理。

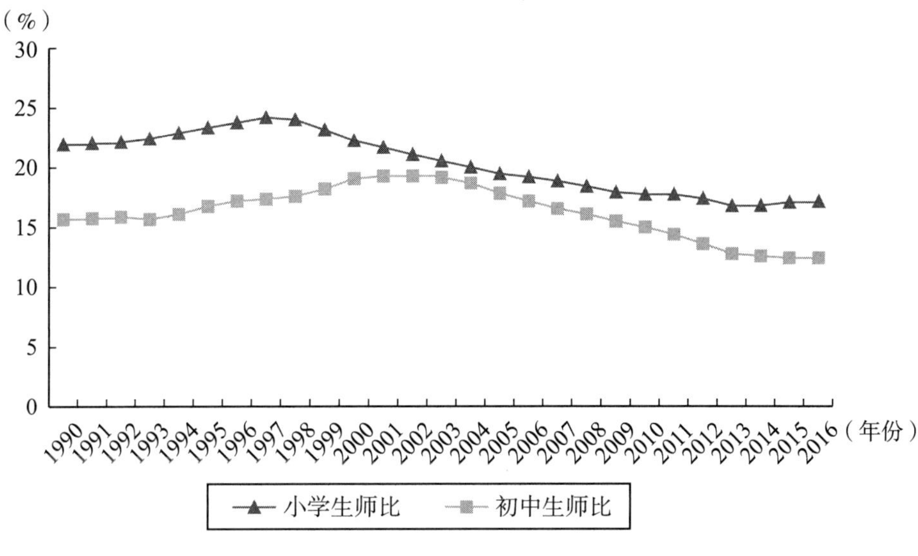

图2－2　小学和初中师生比

二、资源配置均衡政策推进

自从1986年《中华人民共和国义务教育法》提出我国实行九年义务教育以来，直至2011年“普九”验收工作完成，我国基本解决学龄儿童“有学上”的问题，但距离实现所有适龄儿童“上好学”的目标还比较遥远。21世纪以来，我国政府高度关注义务教育发展问题，为促进义务教育的均衡发展，缩小区域之间、城乡之间和学校之间的发展差距，国务院和相关部门坚持以人为本的原则，出台了许多均衡配置教育资源的政策，主要可以归纳为加强农村校舍建设政策、均衡城乡师资力量政策和关注弱势群体教育政策三类。

（一）加强农村校舍建设政策

2007年，国家发展和改革委员会、教育部关于印发《中西部农村初中校舍改造工程总体方案》的通知中明确要求落实农村九年制义务教育阶段中学和小学校舍维修改造的长效保障机制，确保校舍安全。加强九年制义务教育中小学基本办学条件建设，使所有农村中小学具备满足基本教学需要的校园、校舍、教学设备、图书和体育活动设施。实施中西部农村初中校舍改造工程和新农村卫生校园建设工程，逐步解决超大班额问题，加强农村学校的食堂、饮水设施和厕所建设，改善学校卫生条件。

2010 年，《国家中长期教育改革和发展规划纲要（2010 – 2020 年）》中明确指出，推进义务教育学校办学标准化建设，均衡配置教师、设备、图书、校舍等资源。努力缩小区域差距，加大对革命老区、民族地区、边疆地区、贫困地区义务教育的转移支付力度，鼓励发达地区支援欠发达地区，鼓励城市地区支援农村地区，鼓励优质学校支援薄弱学校。

同年 10 月，《教育部关于治理义务教育阶段择校乱收费问题的指导意见》强调各地教育行政部门要在当地政府的领导下，完善义务教育薄弱学校的政策支持措施，加大改造力度，缩小薄弱学校与优质学校的差距，推进学校标准化建设，使区域内义务教育学校均达到当地办学标准。

2018 年 5 月，《国务院办公厅关于全面加强乡村小规模学校和乡镇寄宿制学校建设的指导意见》强调各地政府要认真落实国家普通中小学校建设标准、装备配备标准和全面改善贫困地区义务教育薄弱学校基本办学条件有关要求，合理确定两类学校校舍建设、装备配备、信息化、安全防范等基本办学标准。对于小规模学校，要保障信息化、音体美设施设备和教学仪器、图书配备，设置必要的功能教室，改善生活卫生条件。对于寄宿制学校，要在保障基本教育教学条件基础上，进一步明确床铺、食堂、饮用水、厕所、浴室等基本生活条件标准和开展共青团、少先队活动及文体活动所必需的场地与设施条件。

（二）均衡城乡师资力量政策

2007 年，《国务院批转教育部国家教育事业发展“十一五”规划纲要的通知》提出实施大学生志愿服务西部计划，引导大学毕业生到西部的农村基层学校任教。加大城镇教师服务农村教育工作的政策支持力度，推进师范生到农村学校顶岗实习支教，使之成为经常性的政策保障措施。改善贫困边远地区农村教师的生活条件，努力解决贫困地区骨干教师流失问题。

2010 年，《教育部关于治理义务教育阶段择校乱收费问题的指导意见》提出改善教师资源的初次配置，鼓励优秀高校毕业生和志愿者到农村学校或薄弱学校任教。对长期在农村基层和艰苦边远地区工作的教师，在工资、职称等方面实行倾斜政策，在核准岗位结构比例时高级教师岗位向农村学校和薄弱学校倾斜。重点为民族地区、边疆地区、贫困地区和革命老区培养与补充紧缺教师。

2012 年,《教育部关于鼓励和引导民间资金进入教育领域促进民办教育健康发展的实施意见》提出使民办学校教师与公办学校教师享受同等待遇，建立健全民办学校教师人事代理服务制度，保障教师在公办学校和民办学校之间合理流动，鼓励高校毕业生、专业技术人员到民办学校任教任职。

同年,《国务院关于深入推进义务教育均衡发展的意见》提出推动办学水平较高学校和优秀教师通过共同研讨备课、研修培训、学术交流、开设公共课等方式，实现教师专业发展和教学质量提升。

2014 年,《教育部、财政部、编办关于统一城乡中小学教职工编制标准的通知》将城乡教职工编制标准统一为初中 1∶13.5，小学 1∶19，并明确指出一般性教学辅助和工勤岗位不再纳入编制管理范围，同时特别强调要考虑农村偏远地区教师的实际需求，根据生师比和班师比配置教师。

2015 年,《国务院关于印发乡村教师支持计划（2015－2020 年）》侧重于优化农村教师资源配置结构、拓展乡村教师补充渠道、落实城乡教职工统一标准，大力推进县域内、城乡间教师资源流动。

2018 年 5 月,《国务院办公厅关于全面加强乡村小规模学校和乡镇寄宿制学校建设的指导意见》强调各地政府要完善编制岗位核定，提高乡村教师待遇，改革教师培养培训，加强实践培养，结合推进城乡教师交流支教，遴选一批乡村教师到城镇学校跟岗实习培养。

（三）关注弱势群体教育政策

2010 年,《国家中长期教育改革和发展规划纲要（2010－2020 年）》明确提出坚持以农民工工作地点所在政府管理为主、以全日制公办中小学为主的原则，确保进城务工人员随迁子女平等接受九年义务教育，研究制定进城务工人员随迁子女接受义务教育后在当地参加各类各级升学考试的办法。建立健全以政府为主导、以社会参与为辅助的农村留守儿童关爱、帮助、服务体系和动态监测管理机制。加快农村九年制义务教育寄宿制学校建设，优先满足留守儿童的相关需求。

2011 年,《教育部办公厅关于做好 2011 年秋季开学进城务工人员随迁子女义务教育就学工作的通知》提出确保符合条件的随迁子女有学上，不能因城市拆迁、学校撤并等原因导致随迁子女失学，对符合入学条件的随迁子女一律免收学杂费，不得加收借读费，将家庭经济困难的随迁子女纳入资助范围，确保随迁子女不因经济困难而失学。

2012 年，《关于深入推进义务教育均衡发展的意见》提出保障弱势群体和特殊群体子女平等接受九年义务教育，建立健全农村留守义务教育适龄学生关爱、帮助、服务体系，优先满足留守学生进入寄宿制学校的需求；重视发展九年制义务教育阶段的特殊教育，在普通学校确保可以开办特殊教育班或提供随班就读的必要条件，确保义务教育学校接收具有接受普通教育能力的残疾儿童、少年学习；保证城乡适龄孤儿进入寄宿生活设施完善的义务教育学校就读，加强流浪儿童的救助和保护，保障适龄流浪儿童重返校园学习。

2018 年，《中共中央、国务院关于全面深化新时代教师队伍建设改革的意见》指出，要创新和规范中小学教师编制配备，加大教职工编制统筹配置和跨区域调整力度，逐步扩大特岗计划实施规模，优先满足老少边穷地区的教师补充需要。这一文件体现了国家关注落后地区、弱势群体，促进教育公平发展的理念。

2018 年，教育部等五部门推出的《教师教育振兴行动计划（2018 – 2022 年）》指出："推进本土化培养，面向师资补充困难地区逐步扩大乡村教师公费定向培养规模"，为促进教育公平发展，保障落后地区群体的教育权而创新教育的供给方式。

第三章
我国义务教育服务非均等的现状分析

第一节　我国义务教育公共服务指数体系、规模测算和结构分布

一、义务教育公共服务指数体系

接受义务教育是宪法赋予每一位公民的基本权利，保障每一个适龄儿童接受义务教育是社会公平的基本起点，从理论角度来看，可进一步转化为（义务教育）基本公共服务的均等化问题。在实践中，义务教育均衡发展是义务教育均等化的具体化，推进义务教育均衡发展，提供更加公平和更高质量的义务教育，是教育发展乃至社会发展和公平的重要支撑。作为社会公平和社会和谐的重要组成部分，必须将教育公平置于整个社会环境背景下进行分析，而不能就教育谈教育（王善迈，2008）。新中国成立以来特别是改革开放以来，历届政府都将义务教育及其公平作为政府执政的首要任务之一，从基本消除文盲到基本普及义务教育、从实现教育机会公平到追求教育资源的均衡配置，在不同的阶段，赋予了义务教育均衡发展不同的内涵和目标。当前，义务教育均衡发展面临的一个基本矛盾是人们对优质教育资源日益增加的需求与优质义务教育资源供给不足和配置不均之间的矛盾，并由此产生的教育质量差距不断拉大。长期以来，由于受教育发展所处的阶段性特点、经济发展水平、公众社会诉求等因素的影响，我国对教育质量的关注程度远不及教育机会的公平和教育资源配置。时至今日，有学上的问题已经基本解决，上好学的问题成为突出矛盾；数量和规模的问题已经基本解决，结构和质量的问题成为主要矛盾（周济，2008；袁贵仁，2011）。

义务教育均衡发展已经不仅仅是教育机会的均等和教育资源配置的均衡，还包括更高质量的均衡发展和教育质量的均衡，而所面临的教育资源配置不均衡问题，不仅会影响义务教育均衡发展基本目标的实现，而且还在相当程度上影响更长远的教育结果均衡。2010年发布的《国家中长期教育改革和发展规划纲要（2010－2020年）》已经前瞻性地提出把提高教育质量与内涵式发展作为各类教育事业尤其是义务教育发展的核心，并赋予了教育资源配置更强工具和手段职能的色彩。这对义务教育资源配置提出了更高的要求，因此，探寻通过公共教育资源配置来实现教育均衡发展和教育质量提高，是理论研究更好回应社会现实需要的一个重要体现。与此同时，由于地区之间和城乡之间较大的经济社会差异，决定了在今后相当长一段时期内，分区域、分阶段地推进义务教育均衡发展更具可行性。

无论是在国内还是国外，有关教育公平特别是义务（基础）教育公平的研究众说纷纭，但是依然在研究方向上基本达成了一致，特别需要指出，义务教育公共服务公平的内容应该归结为义务教育机会均等（可以体现在接受义务教育入学机会方面）、义务教育资源配置公平（主要体现在义务教育公共资源如人力、物力和财力）、义务教育结果（质量）公平（主要体现在教育生产的结果上）。如果将义务教育作为一项基本公共服务，那么机会公平、资源配置公平和结果公平都是义务教育基本公共服务的题中之义。事实上，已有的研究还主要集中在机会公平和资源配置公平，而对教育结果公平的关注涉及较少；即使是在资源配置公平的研究中，目前研究还主要单纯从教育经费，如人员经费、公用经费和事业费等方面进行度量，而没有进一步关注义务教育财政支出所转化的义务教育基本公共服务和与此高度相关的教育结果公平问题。无论是国家发布的教育规划发展纲要还是国外的理论研究，都已经比较一致地认为，在现阶段，中国义务教育公平的前提依然是教育机会公平，核心和根本举措依然是教育资源配置公平，而教育结果公平则是义务教育基本公共服务均等化的必然归宿。对于一个经济、社会和文化差异及差距巨大的发展中大国而言，同一地区在不同发展阶段、同一发展阶段的不同地区所面临的义务教育基本公共服务命题都存在较大差异，这就决定了不同发展阶段和不同地区不能采取“一刀切”的标准来评估义务教育基本公共服务发展水平和均等化水平，但是义务教育作为一项基本公共服务，其发展必然存在着一个公允的底线标准或者基本标准，这也使得研究者还要进一步从一个更加综合的框架中来关注这一问题。

（一）指标体系构建

本书参照卢洪友等（2012）中国义务教育公共服务均等化进程报告中有关义务教育均等化指数构建的基本框架和研究视角，将义务教育基本公共服务均等化指数分解为投入均等化、产出均等化和受益均等化，并在相应的组成部分之下构建和设计指标体系。当然，本书的贡献在于：一是对数据的时效进行了更新，卢洪友（2012）的报告追踪到2009年，本书进一步延续到2016年；二是本书对指标的阶段和依据更加清晰可靠，对于每一项指标的选取依据进行了比较详细的说明；三是本书对于投入、产出和受益指标的权重确定并没有采用简单的1/3方法，而是根据主成分方法确定投入、产出和受益的权重。每个方面的指数反映了当下义务教育基本公共服务的不同的发展维度。比如，义务教育基本公共服务投入度量的是提供义务教育基本公共服务所需要的财力、物力和人力资源，这些资源主要由公共财政予以垫付。义务教育基本公共服务产出项指数主要度量义务教育资源投入能够在多大程度上转化为义务教育发展的成果，对于义务教育而言，其产出所反映的应该是适龄儿童接受此项教育所达到的目标的程度，受益项指数主要用于衡量通过接受义务教育公共服务所转化成的今后学习和发展的能力。

本书设计了一个投入到产出再到受益的三维动态分析框架，在此三项指标之下又均设置了从不同角度综合反映该指标的分项变量，同时考虑到数据的可及性和可比性，我们还对分项变量做了进一步的细化。

本部分数据主要源于《中国统计年鉴》（2004～2017）、《中国教育统计年鉴》（2004～2017）、《中国教育经费统计年鉴》（2004～2017）、《中国教育年鉴》（2004～2017）；部分缺失数据通过查阅部分年度、部分省份的统计年鉴予以补充；同时还查阅了历年《全国教育事业发展统计公报》等。教育基本公共服务均等化相对进程评估体系如表3－1所示。

表 3－1　义务教育基本公共服务投入、产出和受益评估指标体系

一级指标	二级指标	三级指标	四级指标
义务教育基本公共服务	投入类指标	财力资源	小学和初中教育经费占用资源比重
			小学和初中生均教育经费（包括公用、人员和基建）
		物力资源	小学和初中生均生均活动面积（包括体育场馆和校舍）
			小学和初中生均教学设备
			小学和初中生均图书资料
			小学和初中生均固定资产总值
		人力资源	小学和初中生均教师数量
			小学和初中生均教师质量
	产出类指标	学校机构	小学和初中生人均拥有学校数
			单位行政面积拥有学校数（小学和初中）
		学校结果	小学入学率
			小升初和初升高升学率
	受益类指标	受教育年限增加	人均受教育年限
		大众化识字率	文盲或者半文盲占 15 岁以上人口比重（逆向指标）

（二）指标体系说明

一般来讲，指标体系的构建既需要坚实的理论依据，又需要结合特定时期该领域发展的实际情况和社会公众现实诉求。从理论上讲，教育基本公共服务均等化是一个经久不衰的话题，其理论依据主要来自对教育公平观的认识。国外有关教育均衡发展的观点主要体现在其教育机会均等的文献中。教育机会公平的研究是国外教育公平问题研究的起点，即使在中国早期的研究亦是如此。此后，为数较多的研究者就集中于该领域，有关这方面的文献也是比较丰富的。主要集中于科尔曼和汉纳谢克（Coleman and Hanashek）等人对这一问题的分析，他们的核心观点认为，教育均等是一个动态变化的过程，强调从投入和产出两个角度把握教育均等。时至今日，有学上的问题已经基本解决，上好学的问题成为突出矛盾；数量和规模的问题已经基本解决，质量和结构的问题成为主要矛盾（周济，2008；袁贵仁，2009）。国内外许多实证研究和理论研究已经证明了，基础教育质量与基础教育资源配置密切相关，这也就意味着义务教育质量的不均等还很大程度上取决于义务教育资源配置的公平性。

根据以上论证和该领域统计数据的现实可得性，教育基本公共服务均等化指标体系“投入—产出—受益”三个方面的指标说明如下：

1. 投入类指标

根据数据的可及性，投入类指标主要包括“财力资源”“物力资源”和“人力资源”三项三级指标。财力资源下设“小学和初中教育经费占用资源比重”和“小学和初中生均教育经费（包括公用、人员和基建）”两个四级指标；物力资源包括“小学和初中生均活动面积”“小学和初中生均教学设备”“小学和初中生均图书资料”和“小学和初中生均固定资产总值”四个四级指标；人力资源投入包括“小学和初中生均教师数量”和“小学和初中生均教育教师质量”两个四级指标。上述指标具体解释和说明如下。

小学和初中教育经费占用资源比重。该指标主要用各省教育总经费除以各省相应年份的国内生产总值度量，数据主要源于《中国统计年鉴》和《中国教育经费统计年鉴》。小学和初中生均教育经费（包括公用、人员和基建）。由于经常性教育支出主要由公用经费、事业费和基本建设支出组成，因此该指标还下设了三项指标，这些数据主要来自《中国教育统计年鉴》和《中国教育经费统计年鉴》。由于义务教育主要包括小学和初中，对此，公用经费、事业费和基本建设支出分别用相应的小学和初中生均经费支出（生均公用经费、生均事业费和生均基建支出）表示。

对于初中和小学的校园活动面积，一般来讲，学生活动区域主要是运动场和校舍，对此，我们分别计算了小学和初中每名学生的人均活动场馆面积和学校校舍面积，相应的计算公式为，小学生生均体育活动场馆面积 = 该地区小学体育活动场馆面积 ÷ 小学生数，初中生生均体育活动场馆面积 = 该地区初中体育活动场馆面积 ÷ 初中生数；小学生生均校舍面积 = 该地区小学校舍面积 ÷ 小学生数，初中生生均校舍面积 = 该地区初中校舍面积 ÷ 初中生数。小学和初中阶段的教学设备是保障教育质量的基础和物质保障，是学校开展必要的教学活动的基础性投入，我们分别用小学和初中的生均教学用房面积（小学生生均教

学用房面积 = 该地区小学教学用房面积 ÷ 小学生数、初中生生均教学用房面积 = 该地区初中教学用房面积 ÷ 初中生数）、小学和初中生均计算机数表示（小学生生均计算机台数 = 该地区小学计算机数 ÷ 小学生数、初中生生均计算机台数 = 该地区初中计算机台数 ÷ 初中生数）。义务教育生均图书资料。由于图书资料的表现形式日趋多元化，因此生均图书资料将下设两项指标，即小学和初中生均纸质图书册数（小学生生均纸质图书册数 = 该地区小学纸质图书册数 ÷ 小学生数、初中生生均纸质图书册数 = 该地区初中纸质图书册数 ÷ 初中生数）和电子图书册数（小学生电子图书册数 = 该地区小学电子图书册数 ÷ 小学生数、初中生生均电子图书册数 = 该地区初中电子图书册数 ÷ 初中生数）。义务教育生均固定资产。生均固定资产包括小学生均固定资产和初中生均固定资产，分别用小学和初中固定资产总额除以各自的在校生人数获取。

义务教育人力公共服务投入，我们分别用初中和小学的生均教师数量以及生均教师质量表示，一是小学和初中生均教师数量。教师数量主要用专任教师师生比来度量，该指标下设小学教师师生比和初中教师师生比，分别用小学教师总数和初中教师总数除以各自的在校生人数获取；二是小学和初中生均教师质量，该指标下设两项指标，分别用本科及以上教师师生比和中教三级及以上教师师生比表示。具体如下：义务教育阶段本科及以上教师师生比。该指标下设小学本科及以上教师师生比和初中本科及以上师生比，分别用小学本科及以上教师数和初中本科及以上教师数除以各自的在校生人数表示。义务教育阶段中教三级及以上教师师生比。该指标下设小学中教三级及以上教师师生比和初中中教三级及以上教师师生比，分别用小学中教三级及以上教师数和初中本科及以上教师数除以各自的在校生人数表示。

2. 产出类指标

产出类指标主要包括“学校机构”与“学校结果”两项三级指标。学校机构主要用“小学和初中人均拥有学校数”和“单位行政面积拥有学校数（小学和初中）”表示；学校结果指标主要使用“小学入学率”和“小升初和初升高升学率”表示，“小学入学率”主要用适龄儿童（5 岁及以上，小学）入学率来表示，义务教育（小学和初中）升学率主要用小学升学率和初中升学率来度量。其中，小学升学率 = 该地区初中招生人数 ÷ 该地区当年度小学毕业生人数，初中升学率 = 该地区高中招生人数 ÷ 该地区当年度初中毕业生人数，当然有一个前提假设，即不存在大规模的跨省基于升学考虑的地区流动。需要指出的是，产出指标可以进一步使用学校教育质量来度量，但是由于缺乏大样本的全国和分地区教育质量数据，所以，退而求其次选择教育结果来度量。在后面的有关不均等原因的分析中，我们会利用微观数据进行研究，在某种程度上，弥补本部分的不足。

3. 受益类指标

受益类指标主要包括“受教育年限”和“大众化识字率”，两项指标分别用“人均受教育年限”和“文盲或半文盲占15岁以上人口比重”表征。具体如下：人均受教育年限，根据《中国统计年鉴》提供的各级次教育人员比重的数据性质，我们采用通常的做法，文盲人口按照人均受教育1年计算，小学教育人口按照人均受教育6年计算，初中教育人口按人均受教育9年计算，高中及中专教育人口按人均受教育12年计算，大专及以上按人均受教育16年计算，具体公式为：一个地区人均受教育年限=(文盲人口数量×1+接受小学教育的人口数量×6+接受初中教育的人口数量×9+高中及中专教育人口数量×12+接受大专及以上教育的人口数量×16)÷(文盲人口数量+接受小学教育的人口数量+接受初中教育的人口数量+高中及中专教育人口数量+接受大专及以上教育的人口数量)。相关数据均来自《中国统计年鉴》。文盲或半文盲占15岁以上人口比重（该指标为逆向指标），从侧面不仅能够凸显全社会的一个初步教育成就，而且还能够反映出一个地区社会公众从教育中受益的比例和程度。该指标数据主要来自历年《中国统计年鉴》。

（三）指标合成计算方法

义务教育基本公共服务的评价体系由四个层级、3类二级指标、7类三级指标、14类四级指标以及若干细化指标构成，我们逐级（由低级向高级指标的顺序）采取主成分方法对更高层次的指标进行合成，这样做的好处在于，进行无纲量化，消除了各项指标之间以及同一项指标不同年份之间的不可比性，进而使得不同指标和不同年份的变量均可按照统一标准进行度量合成。本书的合成方法和无纲量化如下：

如果该指标数值与义务教育基本公共服务水平呈正向关系，则按照第一个公式：第 i 个指标得分 $=\frac{D_{i(t)}-D_{imin(0)}}{D_{max(0)}-D_{min(0)}}\times 10$ 计算得分，$D_{max(0)}$ 是样本省份基年（2003 年）中该指标对应原始数据最大的一个，$D_{min(0)}$ 为最小的一个。

如果该指标数值与教育基本公共服务保障程度呈负向关系，则按照第二个公式：第 i 个指标得分 $=\frac{D_{imin(0)}-D_{i(t)}}{D_{max(0)}-D_{min(0)}}\times 10$。

依据上述方法，我们可以测算得到 2003～2011 年共 9 年义务教育基本公共服务的水平，同时还可以进一步分解为投入、产出和受益三个方面，当然上述四项度量指标还只是从供给水平来评估了各地区的义务教育公共服务水平，这是进一步进行均等化进程评估的基础。

本书还进一步评估地区间的义务教育基本公共服务均等化相对进程。对于相对进程测算方法，我们首先计算 2003～2016 年全国义务教育基本公共服务的平均水平（包括总体保障、投入、产出和受益），然后用各地区的义务教育基本公共服务水平除以当年度全国义务教育基本公共服务平均水平，进而得到该地区的相对进程，即反映该地区的义务教育发展水平距离或者超过全国平均水平的程度。如果除后的值大于 1，表明该地区的义务教育基本公共服务相对进程大于全国平均水平，如果该值小于 1，表明该地区的义务教育基本公共服务相对进程小于全国平均水平。

接下来，还将陆续采取标准差以及相对平均偏差（relative mean deviation）、变异系数（coefficient of variation）、均数的标准差（standard deviation of logs）、基尼系数（Gini coefficient）、迈赫兰指数（Mehran measure）、Piesch measure、卡克瓦尼指数（Kakwani measure）、泰尔熵度量（Theil entropy measure）、泰尔平均对数偏差测量（Theil mean log deviation measure）九类不平等指数评估地区间（主要是省际）的义务教育基本公共服务均等化的程度。这些不平等指数值越大，表明地区间义务教育基本公共服务的不均等程度在不断拉大，反之则表明不均等程度在缩小。我们还将对这九类不平等指数分别评估投入、产出和受益不均等程度，以期全方位动态评估中国的地区间义务教育基本公共服务均等化进程。

此外，我们还进一步评估地区间的义务教育基本公共服务均等化相对进程。相对进程主要采用所在地区当年的义务教育公共服务水平除以当年全国义务教育公共服务平均水平计算得到，从而可以在一定程度上反映所在地区与全国平均水平的相对低位。

采用主成分方法合成义务教育基本公共服务指数，首先对各项指标分别作标准化处理，然后逐级采用主成分分析方法为各个二级指标赋予相应的权重，分别得到投入、产出和受益指数，最后再次采用主成分方法为上述三个指数赋予相应的权重，最终得到义务教育公共服务总体指数，相应指标分别为投入权重0.403、产出权重0.303、受益权重0.294。

二、义务教育基本公共服务规模测算和结构分布

表3－2～表3－5统计的是2003～2016年各省、自治区和直辖市（以下简称“省区市”）义务教育基本公共服务总体保障水平的得分，以及相应的排序。由于西藏的数据缺失较多，我们一共选取了30个省区市（剔除了西藏自治区）。总体来看，各省市区教育基本公共服务保障水平都呈现出明显的上升趋势，30个省市区在2003～2016年的平均教育基本公共服务总体保障水平得分依次为4.253分、4.503分、4.591分、5.015分、5.352分、5.707分、6.049分、6.552分、7.113分、7.226分、7.579分、7.932分、8.258分、8.639分。这说明近年来，我国在义务教育领域所实施的各项政策措施的效果开始逐步显现，义务教育均等化水平逐渐提高，这离不开中央从政策层面对促进义务教育均衡发展作出的顶层设计，也得益于各级地方政府在投入规模、结构分配等方面的切实执行。其中需要指出的是，尽管每年各省区市的教育基本公共服务的总体保障水平排名会有所变化，但北京、上海和天津的教育基本公共服务总体保障水平一直稳居全国前三。2006年、2009年和2016年，东部地区①排名前十位的省区市个数分别为7个、6个、5个，中部地区排名前十名的省区市个数分别为3个、4个、3个，西部地区排名前十名的省区市个数分别为0、0、2个。由此可以推断，东部地区义务教育均等化水平最高，中部地区次之，西部地区最低，但这三个地区之间的差距正在逐步缩小。

① 其中东部地区包括北京、天津、河北、辽宁、上海、江苏、浙江、福建、山东、广东以及海南；中部地区包括山西、吉林、黑龙江、安徽、江西、河南、湖北和湖南；西部地区包括内蒙古、广西、重庆、四川、贵州、云南、陕西、宁夏、青海、甘肃、西藏、新疆。

表3－2　中国分省义务教育公共服务投入保障

单位：分

省份	2003年	2004年	2005年	2006年	2007年	2008年	2009年	2010年	2011年	2012年	2013年	2014年	2015年	2016年
北京	7.572	8.883	11.010	13.690	11.495	12.283	14.126	15.808	17.548	17.949	19.041	20.133	21.225	22.317
天津	3.886	4.437	5.368	6.128	6.859	7.790	9.063	10.440	12.044	12.310	13.305	14.300	15.295	16.290
河北	2.337	3.012	3.601	4.171	4.864	5.577	6.223	7.333	8.508	8.761	9.499	10.238	10.976	11.714
山西	2.556	2.736	3.002	3.401	4.095	4.826	5.349	6.054	6.915	7.118	7.677	8.235	8.794	9.352
内蒙古	3.544	3.943	4.399	4.750	5.681	6.584	7.363	8.321	9.429	9.705	10.446	11.186	11.927	12.668
辽宁	3.078	3.477	3.895	4.399	4.940	5.643	6.327	7.134	8.043	8.293	8.909	9.525	10.140	10.756
吉林	3.857	4.304	5.026	5.681	6.451	7.059	7.648	8.574	9.621	10.010	10.718	11.426	12.134	12.842
黑龙江	3.335	3.620	4.085	4.731	5.615	6.337	6.669	7.492	8.463	8.836	9.484	10.132	10.781	11.429
上海	6.232	6.707	7.942	8.826	10.137	10.935	10.735	11.774	12.954	13.731	14.560	15.390	16.220	17.049
江苏	2.290	2.746	3.373	4.123	5.244	6.156	7.163	8.667	10.501	10.603	11.607	12.611	13.615	14.618
浙江	3.800	4.389	5.026	5.235	5.786	6.318	7.087	7.867	8.675	8.948	9.534	10.120	10.705	11.291
安徽	1.226	1.406	1.672	2.119	2.565	3.202	3.582	4.287	5.166	5.245	5.733	6.221	6.710	7.198
福建	2.641	2.936	3.316	3.762	4.323	5.083	5.577	6.318	7.180	7.416	7.985	8.554	9.123	9.692
江西	1.986	2.204	2.603	3.021	3.705	3.962	4.332	4.939	5.656	5.875	6.329	6.784	7.239	7.694
山东	2.755	3.268	3.857	4.370	5.263	5.710	5.738	6.497	7.298	7.719	8.269	8.818	9.367	9.917
河南	1.758	1.910	2.147	2.404	3.002	3.373	3.468	3.890	4.387	4.599	4.933	5.268	5.602	5.936
湖北	1.938	2.204	2.613	3.069	3.658	4.342	4.940	5.775	6.781	6.925	7.526	8.126	8.726	9.326

续表

省份	2003 年	2004 年	2005 年	2006 年	2007 年	2008 年	2009 年	2010 年	2011 年	2012 年	2013 年	2014 年	2015 年	2016 年
湖南	2. 442	2. 831	3. 477	4. 218	4. 997	5. 539	6. 042	7. 034	8. 194	8. 480	9. 181	9. 882	10. 584	11. 285
广东	2. 584	2. 603	2. 689	2. 907	3. 392	3. 791	4. 114	4. 450	4. 870	5. 023	5. 330	5. 637	5. 944	6. 251
广西	1. 995	2. 147	2. 470	2. 727	3. 135	3. 781	4. 161	4. 707	5. 367	5. 521	5. 948	6. 375	6. 802	7. 228
海南	2. 033	2. 128	2. 185	2. 774	3. 240	4. 285	5. 216	6. 128	7. 333	7. 322	8. 002	8. 681	9. 361	10. 040
重庆	1. 843	2. 233	2. 689	2. 841	3. 373	3. 867	4. 342	5. 013	5. 742	5. 905	6. 376	6. 847	7. 318	7. 789
四川	1. 710	1. 843	2. 109	2. 518	2. 651	3. 211	3. 857	4. 423	5. 124	5. 182	5. 608	6. 034	6. 461	6. 887
贵州	1. 492	1. 710	1. 986	2. 366	2. 888	2. 926	3. 430	3. 946	4. 545	4. 674	5. 047	5. 420	5. 792	6. 165
云南	2. 499	2. 632	2. 803	3. 050	3. 278	3. 753	4. 598	5. 097	5. 697	5. 752	6. 160	6. 568	6. 976	7. 384
陕西	1. 853	2. 100	2. 575	2. 926	3. 743	4. 722	5. 824	7. 056	8. 642	8. 575	9. 414	10. 253	11. 092	11. 930
甘肃	1. 701	1. 815	2. 119	2. 499	3. 012	4. 009	5. 035	6. 047	7. 398	7. 306	8. 020	8. 734	9. 448	10. 162
青海	2. 907	4. 114	3. 420	4. 066	4. 665	5. 852	6. 470	7. 486	8. 340	8. 569	9. 231	9. 893	10. 556	11. 218
宁夏	2. 746	2. 964	3. 135	3. 382	4. 209	4. 940	5. 700	6. 449	7. 351	7. 505	8. 098	8. 691	9. 284	9. 876
新疆	2. 651	2. 831	3. 363	3. 762	4. 817	5. 900	7. 619	9. 106	11. 077	10. 946	11. 999	13. 052	14. 105	15. 158

表 3-3　中国分省义务教育公共服务产出保障

单位：分

省份	2003 年	2004 年	2005 年	2006 年	2007 年	2008 年	2009 年	2010 年	2011 年	2012 年	2013 年	2014 年	2015 年	2016 年
北京	6.204	6.147	5.976	6.023	6.023	5.653	5.586	5.491	5.390	5.301	5.195	5.089	4.983	4.877
天津	6.128	6.137	5.757	6.080	5.605	5.900	5.900	5.870	5.835	5.757	5.725	5.694	5.663	5.632
河北	6.061	5.795	5.862	5.862	5.767	5.833	5.729	5.676	5.657	5.615	5.578	5.540	5.502	5.464
山西	7.838	7.268	7.059	6.755	6.584	6.413	6.194	5.957	5.763	5.456	5.217	4.979	4.740	4.502
内蒙古	4.019	4.104	4.494	4.684	4.617	4.769	4.807	4.955	5.116	5.256	5.384	5.512	5.639	5.767
辽宁	5.491	5.520	5.501	5.444	5.406	5.425	5.301	5.270	5.230	5.214	5.177	5.141	5.104	5.067
吉林	3.610	4.959	4.874	5.064	5.311	5.168	5.216	5.586	5.702	5.974	6.158	6.342	6.526	6.710
黑龙江	2.385	3.164	4.256	4.456	4.494	4.769	4.798	5.433	5.977	6.295	6.672	7.048	7.424	7.800
上海	7.078	7.382	7.163	6.897	6.850	7.239	6.793	6.752	6.657	6.648	6.582	6.516	6.450	6.384
江苏	5.491	5.339	5.387	5.510	5.406	5.425	5.387	5.370	5.376	5.372	5.365	5.357	5.349	5.342
浙江	5.871	5.871	5.672	5.558	5.377	5.339	5.035	4.909	4.765	4.644	4.497	4.350	4.204	4.057
安徽	5.900	6.280	6.251	6.403	6.669	6.346	6.232	6.294	6.299	6.426	6.451	6.477	6.503	6.529
福建	5.748	5.824	5.786	5.767	5.653	5.577	5.377	5.318	5.239	5.207	5.132	5.056	4.980	4.904
江西	5.814	5.748	5.662	5.824	5.871	6.023	5.919	5.937	5.970	6.022	6.054	6.085	6.117	6.149
山东	6.232	6.052	5.985	5.947	6.014	5.976	5.947	5.901	5.877	5.832	5.800	5.768	5.736	5.704
河南	7.296	7.040	7.239	7.220	7.249	6.964	6.850	6.780	6.739	6.705	6.637	6.570	6.502	6.435
湖北	5.624	5.539	5.453	5.520	5.738	6.052	5.919	5.972	6.049	6.135	6.209	6.283	6.358	6.432

续表

省份	2003 年	2004 年	2005 年	2006 年	2007 年	2008 年	2009 年	2010 年	2011 年	2012 年	2013 年	2014 年	2015 年	2016 年
湖南	5. 976	5. 529	5. 463	5. 643	5. 966	5. 938	5. 843	5. 826	5. 879	5. 914	5. 940	5. 966	5. 992	6. 018
广东	5. 909	5. 947	5. 900	5. 890	5. 786	5. 795	5. 729	5. 699	5. 659	5. 631	5. 594	5. 558	5. 522	5. 485
广西	4. 665	4. 636	4. 931	5. 387	4. 988	5. 206	5. 406	5. 548	5. 724	5. 811	5. 940	6. 069	6. 198	6. 327
海南	4. 788	5. 254	5. 691	5. 463	5. 273	5. 045	4. 560	4. 534	4. 431	4. 482	4. 378	4. 273	4. 169	4. 064
重庆	6. 251	6. 080	6. 175	6. 403	6. 137	6. 308	6. 251	6. 254	6. 285	6. 298	6. 310	6. 322	6. 333	6. 345
四川	5. 121	5. 197	5. 130	5. 472	5. 206	5. 035	5. 073	5. 069	5. 051	5. 049	5. 029	5. 009	4. 989	4. 968
贵州	4. 389	4. 570	4. 883	4. 978	4. 779	4. 722	5. 111	5. 247	5. 374	5. 409	5. 512	5. 615	5. 718	5. 820
云南	3. 097	3. 183	3. 477	3. 905	4. 142	4. 370	4. 437	4. 713	5. 034	5. 267	5. 512	5. 758	6. 003	6. 249
陕西	6. 375	6. 242	6. 118	6. 441	5. 985	5. 814	5. 529	5. 403	5. 279	5. 184	5. 039	4. 894	4. 749	4. 604
甘肃	4. 085	4. 408	4. 560	4. 807	5. 045	5. 330	5. 159	5. 366	5. 547	5. 793	5. 967	6. 141	6. 315	6. 489
青海	3. 971	4. 085	4. 323	4. 247	5. 292	4. 836	5. 035	5. 262	5. 513	5. 705	5. 901	6. 096	6. 291	6. 486
宁夏	4. 446	4. 997	5. 168	5. 140	4. 912	4. 940	5. 149	5. 283	5. 335	5. 389	5. 459	5. 528	5. 598	5. 667
新疆	3. 952	3. 677	4. 123	4. 418	4. 351	4. 399	4. 494	4. 599	4. 778	4. 876	4. 989	5. 102	5. 216	5. 329

表 3－4　　中国分省义务教育公共服务受益保障　　单位：分

省份	2003年	2004年	2005年	2006年	2007年	2008年	2009年	2010年	2011年	2012年	2013年	2014年	2015年	2016年
北京	9.329	9.595	9.880	10.051	10.469	10.393	10.707	10.956	11.203	11.418	11.644	11.871	12.097	12.323
天津	7.667	8.341	8.341	8.740	8.902	9.054	9.358	9.677	9.921	10.170	10.426	10.682	10.938	11.195
河北	6.441	6.584	6.251	6.375	6.460	7.011	7.078	7.195	7.308	7.377	7.504	7.630	7.757	7.883
山西	6.821	6.821	6.897	7.486	7.619	7.657	7.781	7.956	8.166	8.361	8.539	8.718	8.897	9.075
内蒙古	4.275	5.482	5.358	5.767	6.223	6.251	6.555	7.067	7.378	7.710	8.044	8.378	8.712	9.046
辽宁	7.667	7.667	7.467	7.819	7.980	8.151	8.398	8.529	8.684	8.778	8.925	9.073	9.220	9.368
吉林	7.619	7.743	6.897	7.268	7.553	7.705	7.961	8.032	8.093	8.096	8.185	8.274	8.363	8.452
黑龙江	6.840	7.163	6.812	7.173	7.505	7.562	7.543	7.672	7.765	7.927	8.045	8.163	8.281	8.399
上海	8.778	8.617	8.816	9.367	9.586	9.709	9.861	10.057	10.321	10.534	10.749	10.965	11.180	11.395
江苏	4.000	4.437	5.558	5.833	6.318	6.356	6.660	7.268	7.911	8.277	8.724	9.172	9.620	10.068
浙江	4.370	4.551	4.513	5.425	5.491	5.814	6.318	6.731	7.199	7.422	7.787	8.151	8.515	8.879
安徽	4.152	3.620	2.138	3.173	2.945	3.715	4.180	4.362	4.677	4.409	4.558	4.707	4.857	5.006
福建	4.085	3.591	4.199	4.779	4.826	5.083	6.156	6.629	7.356	7.390	7.831	8.271	8.711	9.152
江西	6.128	5.586	4.731	5.244	6.327	6.508	7.173	7.417	7.820	7.860	8.167	8.474	8.781	9.087
山东	4.370	4.731	4.532	5.710	6.071	6.185	6.337	6.766	7.209	7.563	7.922	8.281	8.640	8.999
河南	5.529	6.090	5.425	5.776	6.090	6.394	6.641	6.862	7.012	7.143	7.332	7.520	7.708	7.897
湖北	4.864	5.159	4.703	5.729	6.185	6.489	6.470	6.810	7.160	7.488	7.795	8.103	8.410	8.717

续表

省份	2003 年	2004 年	2005 年	2006 年	2007 年	2008 年	2009 年	2010 年	2011 年	2012 年	2013 年	2014 年	2015 年	2016 年
湖南	5. 805	6. 166	5. 719	6. 394	6. 964	6. 850	7. 087	7. 341	7. 572	7. 804	8. 034	8. 264	8. 494	8. 724
广东	5. 966	6. 261	6. 745	7. 030	7. 543	7. 667	7. 876	8. 250	8. 641	8. 961	9. 287	9. 614	9. 940	10. 266
广西	5. 396	5. 852	5. 320	6. 365	6. 403	6. 403	6. 660	6. 922	7. 142	7. 349	7. 564	7. 779	7. 995	8. 210
海南	5. 814	6. 470	5. 567	5. 700	6. 099	6. 099	6. 403	6. 528	6. 554	6. 571	6. 657	6. 744	6. 831	6. 918
重庆	5. 387	4. 000	4. 323	4. 978	5. 548	5. 662	5. 995	6. 163	6. 630	6. 700	6. 958	7. 217	7. 475	7. 733
四川	4. 323	4. 418	2. 527	3. 933	4. 608	4. 788	5. 244	5. 643	6. 123	6. 053	6. 339	6. 626	6. 912	7. 198
贵州	1. 862	2. 603	0. 931	1. 739	2. 527	3. 230	3. 601	4. 482	5. 466	5. 178	5. 626	6. 074	6. 522	6. 970
云南	0. 475	2. 556	1. 197	2. 356	2. 575	3. 373	3. 278	6. 113	7. 821	7. 074	7. 828	8. 582	9. 336	10. 090
陕西	5. 073	5. 558	5. 387	5. 890	6. 109	6. 403	6. 717	7. 044	7. 332	7. 557	7. 835	8. 113	8. 391	8. 668
甘肃	1. 881	2. 318	1. 568	1. 140	2. 157	2. 632	3. 211	3. 729	4. 287	4. 100	4. 410	4. 721	5. 031	5. 342
青海	0. 808	1. 216	0. 713	2. 090	2. 508	2. 993	3. 667	5. 283	7. 553	6. 814	7. 580	8. 347	9. 114	9. 880
宁夏	2. 879	3. 734	2. 651	3. 696	4. 304	5. 520	5. 672	6. 499	7. 285	7. 509	8. 072	8. 635	9. 198	9. 761
新疆	6. 536	6. 631	6. 023	6. 508	7. 315	7. 277	7. 686	7. 914	8. 169	8. 324	8. 565	8. 806	9. 048	9. 289

表 3－5　中国分省义务教育公共服务总体保障

单位：分

省份	2003 年	2004 年	2005 年	2006 年	2007 年	2008 年	2009 年	2010 年	2011 年	2012 年	2013 年	2014 年	2015 年	2016 年
北京	7.674	8.263	9.153	10.297	9.535	9.719	10.533	11.256	11.999	12.197	12.671	13.146	13.620	14.094
天津	5.676	6.100	6.360	6.881	7.080	7.589	8.191	8.831	9.539	9.695	10.162	10.629	11.096	11.563
河北	4.672	4.905	5.065	5.331	5.607	6.076	6.324	6.790	7.291	7.401	7.724	8.048	8.371	8.694
山西	5.410	5.310	5.376	5.618	5.885	6.139	6.320	6.584	6.933	6.980	7.185	7.390	7.596	7.801
内蒙古	3.902	4.444	4.709	5.029	5.518	5.936	6.351	6.933	7.519	7.770	8.206	8.641	9.076	9.512
辽宁	5.158	5.328	5.432	5.721	5.975	6.314	6.625	6.980	7.379	7.503	7.783	8.063	8.344	8.624
吉林	4.888	5.513	5.530	5.960	6.429	6.676	7.003	7.509	7.984	8.224	8.592	8.959	9.326	9.693
黑龙江	4.077	4.523	4.938	5.365	5.831	6.222	6.359	6.921	7.504	7.799	8.209	8.619	9.029	9.439
上海	7.237	7.473	7.963	8.400	8.979	9.455	9.283	9.748	10.272	10.645	11.022	11.400	11.778	12.155
江苏	3.762	4.028	4.625	5.046	5.609	5.993	6.477	7.257	8.187	8.334	8.868	9.402	9.936	10.470
浙江	4.595	4.886	5.070	5.388	5.575	5.873	6.239	6.637	7.056	7.195	7.494	7.793	8.091	8.390
安徽	3.502	3.533	3.196	3.727	3.920	4.305	4.561	4.917	5.365	5.357	5.605	5.854	6.102	6.351
福建	4.007	4.003	4.324	4.668	4.874	5.232	5.686	6.106	6.644	6.739	7.075	7.411	7.747	8.082
江西	4.363	4.272	4.156	4.524	5.132	5.335	5.648	5.970	6.388	6.503	6.786	7.069	7.352	7.635
山东	4.283	4.542	4.700	5.242	5.728	5.930	5.977	6.396	6.841	7.102	7.419	7.736	8.053	8.371
河南	4.544	4.693	4.653	4.854	5.196	5.349	5.425	5.639	5.871	5.985	6.155	6.324	6.494	6.664
湖北	3.915	4.083	4.088	4.593	5.031	5.491	5.686	6.139	6.671	6.851	7.206	7.561	7.915	8.270

续表

省份	2003 年	2004 年	2005 年	2006 年	2007 年	2008 年	2009 年	2010 年	2011 年	2012 年	2013 年	2014 年	2015 年	2016 年
湖南	4. 501	4. 629	4. 738	5. 289	5. 869	6. 045	6. 289	6. 758	7. 309	7. 504	7. 862	8. 220	8. 578	8. 936
广东	4. 586	4. 692	4. 854	5. 023	5. 337	5. 537	5. 709	5. 946	6. 217	6. 365	6. 574	6. 782	6. 991	7. 199
广西	3. 804	3. 990	4. 053	4. 602	4. 657	4. 984	5. 273	5. 613	5. 997	6. 146	6. 421	6. 695	6. 969	7. 244
海南	3. 979	4. 351	4. 241	4. 449	4. 696	5. 048	5. 366	5. 763	6. 225	6. 241	6. 509	6. 776	7. 044	7. 312
重庆	4. 220	3. 918	4. 225	4. 548	4. 850	5. 134	5. 406	5. 727	6. 168	6. 258	6. 527	6. 797	7. 066	7. 335
四川	3. 511	3. 616	3. 147	3. 829	4. 000	4. 227	4. 633	4. 977	5. 396	5. 398	5. 648	5. 898	6. 147	6. 397
贵州	2. 478	2. 839	2. 553	2. 973	3. 355	3. 559	3. 989	4. 498	5. 067	5. 045	5. 358	5. 671	5. 984	6. 298
云南	2. 085	2. 776	2. 535	3. 105	3. 333	3. 828	4. 161	5. 280	6. 121	5. 994	6. 454	6. 915	7. 375	7. 836
陕西	4. 169	4. 371	4. 475	4. 863	5. 118	5. 547	5. 997	6. 552	7. 238	7. 249	7. 624	8. 000	8. 376	8. 752
甘肃	2. 476	2. 748	2. 696	2. 799	3. 376	4. 004	4. 536	5. 159	5. 923	5. 905	6. 337	6. 769	7. 200	7. 632
青海	2. 612	3. 253	2. 897	3. 540	4. 220	4. 703	5. 211	6. 164	7. 252	7. 185	7. 737	8. 288	8. 839	9. 391
宁夏	3. 300	3. 806	3. 609	4. 007	4. 449	5. 110	5. 525	6. 110	6. 721	6. 865	7. 291	7. 716	8. 142	8. 567
新疆	4. 187	4. 204	4. 375	4. 768	5. 410	5. 850	6. 692	7. 390	8. 313	8. 336	8. 865	9. 395	9. 925	10. 454

由于中国义务教育基本公共服务均等化指标是根据投入类指标、产出类指标和受益类指标三者按照一定权重加权得到的，因此要对义务教育基本公共服务总体保障水平进行分析，分别分析各类指标的实际水平和变化情况。图 3－1 描述了 2003～2016 年义务教育基本公共服务投入、产出、受益和总体水平以及其动态变化过程。可以比较明显的发现，2003～2016 年义务教育基本公共服务的投入水平、产出水平、收益水平和总体水平呈现出不断提高的趋势，且受益类得分对总体保障水平的贡献最大，投入类得分水平上升幅度较大，产出类得分水平相对稳定。

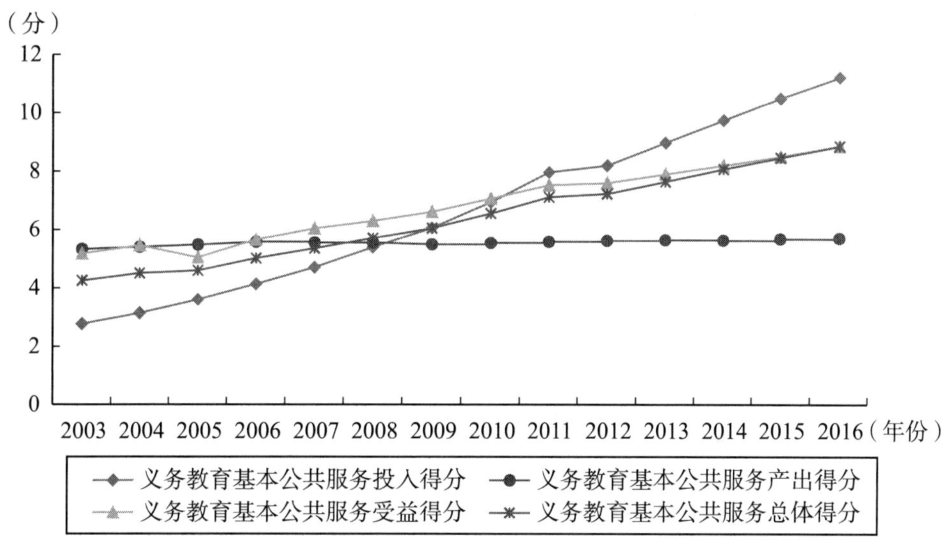

图 3－1　2003～2016 年义务教育基本公共服务投入、产出、受益和总体水平

为了反映各年度义务教育基本公共服务均等化的实际变化情况，我们采用离差方法对 2003～2016 年义务教育公共服务投入水平、产出水平、受益水平和总体水平均等化的变化进程进行了分析并绘出了图 3－2。可以发现，投入类得分差距呈现不断扩大的趋势，这主要是由于投入得分的增加量在逐年上升，这从图 3－1 中就可以看出。另外图 3－1 中产出得分和收益得分的上升趋势在变缓，因此图 3－2 中产出水平差异和受益水平差异均呈现出缩小的趋势。在前面三者的共同作用下，总体保障水平差异呈现较为稳定的状态。就三个分项指标来看，产出均等化水平最高，受益均等化水平次之，投入均等化水平最低。

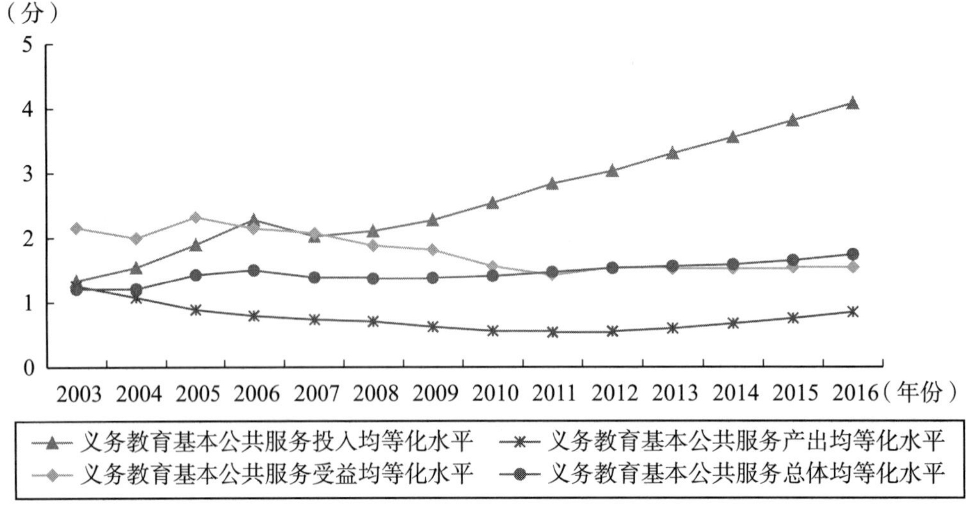

图 3－2　义务教育基本公共服务总体、投入、产出和受益均等化水平及其动态趋势

第二节　我国地区间义务教育公共服务非均等程度评估

一、地区间义务教育服务水平和均等化相对进程

1. 总体保障均等化相对进程

通过表 3－6 表示的义务教育基本公共服务总体保障均等化相对进程，我们发现，总体上而言，各省市区义务教育基本公共服务总体保障水平的差异程度表现出一定程度的扩大趋势，2003～2016 年，各地区义务教育基本公共服务总体保障的相对进程均值分别为 0.999899、1.00068、1.000057、0.99992、1.00008、0.999467、1.000023、0.99995、1.000427、0.99998、0.99995、0.999923、0.999896、0.999869。

表 3 – 6　义务教育基本公共服务总体保障均等化相对进程

省份	2003 年	2004 年	2005 年	2006 年	2007 年	2008 年	2009 年	2010 年	2011 年	2012 年	2013 年	2014 年	2015 年	2016 年
北京	1.804	1.836	1.994	2.053	1.782	1.702	1.741	1.718	1.688	1.673	1.645	1.617	1.589	1.561
天津	1.335	1.356	1.385	1.372	1.323	1.329	1.354	1.348	1.342	1.341	1.339	1.337	1.336	1.334
河北	1.099	1.090	1.103	1.063	1.048	1.064	1.046	1.036	1.026	1.016	1.007	0.998	0.988	0.979
山西	1.272	1.180	1.171	1.120	1.100	1.075	1.045	1.005	0.975	0.937	0.904	0.870	0.837	0.803
内蒙古	0.918	0.988	1.026	1.003	1.031	1.040	1.050	1.058	1.058	1.090	1.105	1.119	1.133	1.147
辽宁	1.213	1.184	1.183	1.141	1.116	1.106	1.095	1.065	1.038	1.021	1.000	0.979	0.958	0.937
吉林	1.149	1.225	1.205	1.189	1.201	1.169	1.158	1.146	1.123	1.136	1.128	1.121	1.113	1.105
黑龙江	0.959	1.005	1.076	1.070	1.089	1.090	1.051	1.056	1.056	1.093	1.101	1.110	1.118	1.127
上海	1.702	1.661	1.735	1.675	1.678	1.656	1.535	1.488	1.445	1.455	1.423	1.390	1.357	1.324
江苏	0.885	0.895	1.007	1.006	1.048	1.050	1.071	1.108	1.151	1.181	1.212	1.243	1.274	1.306
浙江	1.080	1.086	1.104	1.074	1.042	1.029	1.031	1.013	0.992	0.987	0.974	0.961	0.949	0.936
安徽	0.823	0.785	0.696	0.743	0.733	0.754	0.754	0.750	0.755	0.734	0.729	0.725	0.721	0.717
福建	0.942	0.890	0.942	0.931	0.911	0.916	0.940	0.932	0.934	0.933	0.934	0.936	0.937	0.938
江西	1.026	0.949	0.905	0.902	0.959	0.934	0.934	0.911	0.898	0.891	0.882	0.873	0.864	0.855
山东	1.007	1.009	1.024	1.045	1.070	1.039	0.988	0.976	0.962	0.984	0.978	0.972	0.966	0.960
河南	1.069	1.043	1.014	0.968	0.971	0.937	0.897	0.861	0.826	0.805	0.776	0.746	0.716	0.686
湖北	0.921	0.907	0.890	0.916	0.940	0.962	0.940	0.937	0.938	0.953	0.958	0.963	0.968	0.974

续表

省份	2003年	2004年	2005年	2006年	2007年	2008年	2009年	2010年	2011年	2012年	2013年	2014年	2015年	2016年
湖南	1.058	1.029	1.032	1.055	1.097	1.059	1.040	1.032	1.028	1.040	1.038	1.037	1.035	1.034
广东	1.078	1.043	1.057	1.002	0.997	0.970	0.944	0.908	0.875	0.863	0.838	0.813	0.789	0.764
广西	0.894	0.887	0.883	0.918	0.870	0.873	0.872	0.857	0.843	0.847	0.841	0.835	0.829	0.823
海南	0.936	0.967	0.924	0.887	0.878	0.884	0.887	0.880	0.876	0.854	0.844	0.834	0.825	0.815
重庆	0.992	0.871	0.920	0.907	0.906	0.899	0.894	0.874	0.868	0.858	0.848	0.839	0.830	0.821
四川	0.826	0.804	0.686	0.764	0.747	0.740	0.766	0.760	0.759	0.739	0.735	0.731	0.726	0.722
贵州	0.583	0.631	0.556	0.593	0.627	0.623	0.660	0.687	0.713	0.707	0.723	0.738	0.753	0.769
云南	0.490	0.617	0.552	0.619	0.623	0.670	0.688	0.806	0.861	0.856	0.896	0.935	0.975	1.014
陕西	0.980	0.971	0.975	0.970	0.956	0.971	0.991	1.000	1.018	1.004	1.009	1.013	1.018	1.022
甘肃	0.582	0.611	0.587	0.558	0.631	0.701	0.750	0.788	0.833	0.838	0.871	0.905	0.938	0.971
青海	0.614	0.723	0.631	0.706	0.789	0.824	0.862	0.941	1.020	1.028	1.075	1.123	1.171	1.218
宁夏	0.776	0.846	0.786	0.799	0.831	0.895	0.913	0.933	0.945	0.966	0.987	1.009	1.030	1.051
新疆	0.985	0.934	0.953	0.951	1.011	1.025	1.106	1.128	1.169	1.171	1.199	1.227	1.256	1.284

2. 投入均等化水平与相对进程

如前所述，教育基本公共服务总体保障水平是由投入得分、产出得分和受益得分三者加权得到的。下面我们将分别从投入、产出和受益的角度观测全国和分区域的教育基本公共服务得分水平。图3－3是中国教育基本公共服务投入项分区域的得分情况。可以看出，东、中、西部地区和全国的投入项得分均呈现上升趋势，其中东部地区一枝独秀，得分水平和增长速度均处于领先地位，并且显著高于全国平均水平。其中，东部地区的水平远高于中部和西部地区，且中部和西部地区极为接近。

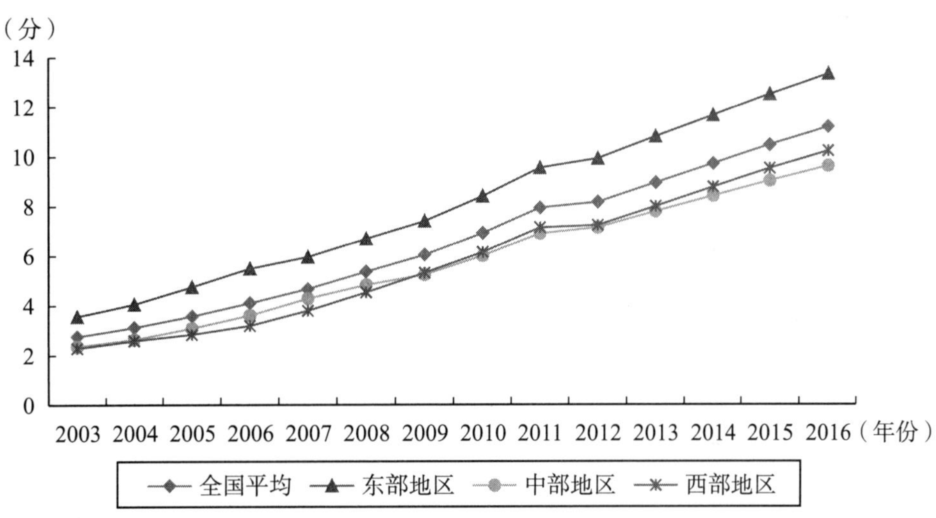

图3－3 中国教育基本公共服务投入项分区得分（2003～2016年）

图3－4采用离差的方法描述了东、中、西部地区和全国的投入项得分内部差异变化趋势。由图可以发现，2003～2016年，东、中、西部地区和全国投入项得分的内部差异均呈现不断扩大的趋势，其中，从差异的相对水平来看，东部地区投入项得分的内部差异最大，依然高于全国投入得分的内部差异，中部地区和西部地区较为接近，且均远低于全国投入得分的内部差异。

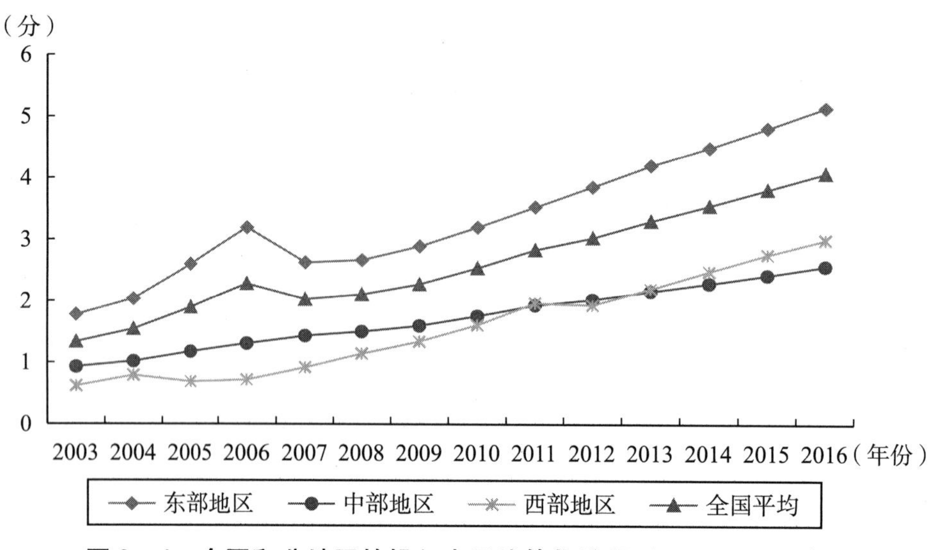

图 3－4　全国和分地区的投入水平均等化进程（2003～2016 年）

义务教育基本公共服务投入均等化相对进程如表 3－7 所示。

3. 产出水平与均等化相对进程

图 3－5 是从产出角度观测的 2003～2016 年东、中、西部地区和全国教育基本公共服务产出得分水平。可以看出，在 2006 年之前，东部地区的教育基本公共服务产出得分要高于中、西部地区，而 2006 年之后，中部地区的教育基本公共服务产出得分开始超过东部地区，且 2010 年首次出现东部地区的产出得分低于全国平均水平的情况。从总体趋势来看，东部地区教育基本公共服务产出得分呈逐年下降的趋势，中部地区在 2007 年以前呈上升趋势、2007 年之后则呈上下浮动趋势，东部地区主要呈上升趋势，但在 2006 年之后上升趋势变缓，而全国教育基本公共服务产出得分主要呈持平状态。

图 3－6 采用离差的方法描述了东、中、西部地区和全国的产出项得分内部差异变化趋势。由图可以发现，2003～2011 年，中部、西部地区和全国区域，教育基本公共服务产出得分的差异均呈现出不断下降的趋势，在 2011 年之后又趋于平缓上升的趋势。值得注意的是，在 2007 年之前，产出得分内部差异变化的下降幅度更大，而在 2007 年之后有下降幅度减小的趋势。而东部地区在 2006 年之前也呈下降趋势，但 2006 年之后又呈上升趋势，不过其上升趋势在 2008 年之后也逐年在变缓，在 2011 年之后趋于平缓。

表 3-7　　义务教育基本公共服务投入均等化相对进程

省份	2003 年	2004 年	2005 年	2006 年	2007 年	2008 年	2009 年	2010 年	2011 年	2012 年	2013 年	2014 年	2015 年	2016 年
北京	2.729	2.829	3.060	3.315	2.446	2.278	2.331	2.279	2.204	2.088	1.984	1.879	1.775	1.671
天津	1.400	1.413	1.492	1.484	1.459	1.445	1.496	1.505	1.513	1.525	1.537	1.548	1.560	1.572
河北	0.842	0.959	1.001	1.010	1.035	1.034	1.027	1.057	1.069	1.110	1.131	1.153	1.174	1.195
山西	0.921	0.871	0.834	0.824	0.871	0.895	0.883	0.873	0.869	0.868	0.867	0.867	0.866	0.865
内蒙古	1.277	1.256	1.223	1.150	1.209	1.221	1.215	1.200	1.184	1.175	1.167	1.159	1.150	1.142
辽宁	1.109	1.107	1.083	1.065	1.051	1.047	1.044	1.029	1.010	1.000	0.988	0.976	0.963	0.951
吉林	1.390	1.371	1.397	1.376	1.372	1.309	1.262	1.236	1.208	1.202	1.178	1.154	1.129	1.105
黑龙江	1.202	1.153	1.135	1.146	1.195	1.175	1.101	1.080	1.063	1.071	1.057	1.044	1.030	1.017
上海	2.246	2.136	2.207	2.137	2.157	2.028	1.772	1.697	1.627	1.603	1.523	1.444	1.364	1.285
江苏	0.825	0.874	0.937	0.998	1.116	1.142	1.182	1.249	1.319	1.382	1.445	1.507	1.569	1.631
浙江	1.369	1.398	1.397	1.267	1.231	1.172	1.170	1.134	1.090	1.042	1.001	0.960	0.919	0.878
安徽	0.442	0.448	0.465	0.513	0.546	0.594	0.591	0.618	0.649	0.680	0.708	0.736	0.763	0.791
福建	0.952	0.935	0.922	0.911	0.920	0.943	0.920	0.911	0.902	0.904	0.899	0.895	0.891	0.887
江西	0.716	0.702	0.724	0.732	0.788	0.735	0.715	0.712	0.710	0.726	0.725	0.725	0.725	0.725
山东	0.993	1.041	1.072	1.058	1.120	1.059	0.947	0.937	0.917	0.944	0.929	0.915	0.900	0.886
河南	0.633	0.608	0.597	0.582	0.639	0.626	0.572	0.561	0.551	0.557	0.549	0.541	0.533	0.525
湖北	0.698	0.702	0.726	0.743	0.778	0.805	0.815	0.833	0.852	0.876	0.897	0.918	0.939	0.959

续表

省份	2003年	2004年	2005年	2006年	2007年	2008年	2009年	2010年	2011年	2012年	2013年	2014年	2015年	2016年
湖南	0.880	0.902	0.966	1.021	1.063	1.027	0.997	1.014	1.029	1.072	1.089	1.106	1.122	1.139
广东	0.931	0.829	0.747	0.704	0.722	0.703	0.679	0.642	0.612	0.565	0.532	0.499	0.466	0.433
广西	0.719	0.684	0.687	0.660	0.667	0.701	0.687	0.679	0.674	0.671	0.669	0.666	0.664	0.661
海南	0.733	0.678	0.607	0.672	0.689	0.795	0.861	0.884	0.921	0.927	0.960	0.993	1.027	1.060
重庆	0.664	0.711	0.747	0.688	0.718	0.717	0.716	0.723	0.721	0.731	0.735	0.739	0.743	0.746
四川	0.616	0.587	0.586	0.610	0.564	0.596	0.637	0.638	0.644	0.637	0.643	0.649	0.655	0.661
贵州	0.538	0.545	0.552	0.573	0.615	0.543	0.566	0.569	0.571	0.580	0.584	0.587	0.591	0.594
云南	0.900	0.838	0.779	0.738	0.697	0.696	0.759	0.735	0.716	0.668	0.649	0.630	0.611	0.592
陕西	0.668	0.669	0.716	0.709	0.796	0.876	0.961	1.017	1.085	1.114	1.170	1.227	1.283	1.339
甘肃	0.613	0.578	0.589	0.605	0.641	0.744	0.831	0.872	0.929	0.942	0.988	1.034	1.081	1.127
青海	1.048	1.310	0.951	0.985	0.992	1.085	1.068	1.079	1.048	1.033	1.027	1.021	1.015	1.009
宁夏	0.989	0.944	0.871	0.819	0.895	0.916	0.941	0.930	0.923	0.908	0.907	0.906	0.905	0.904
新疆	0.955	0.902	0.935	0.911	1.025	1.094	1.257	1.313	1.391	1.404	1.468	1.531	1.594	1.658

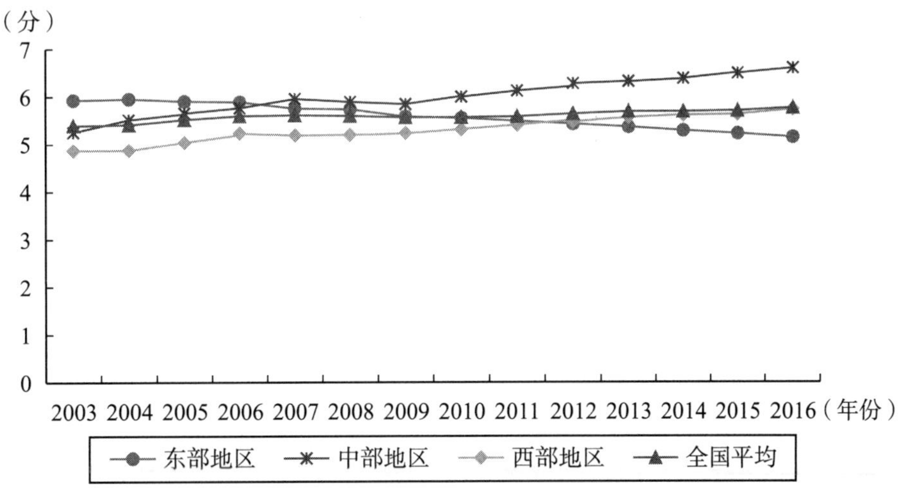

图3－5　中国教育基本公共服务产出项分区域显示图（2003～2016年）

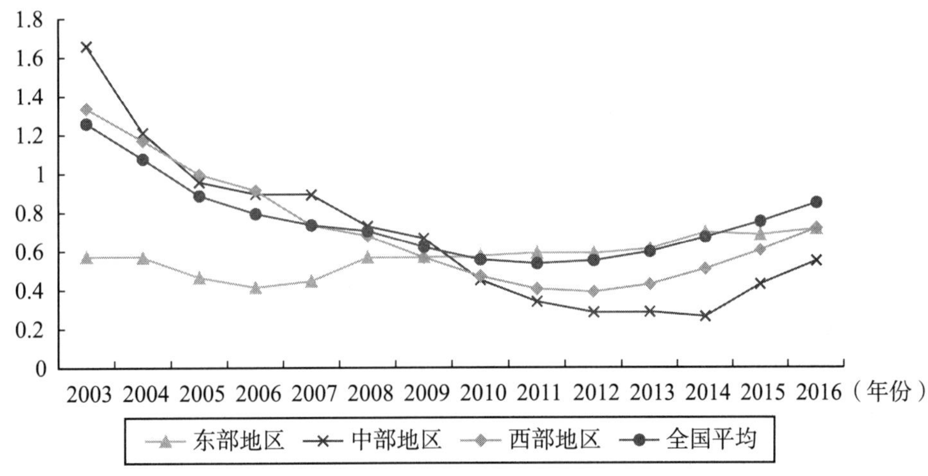

图3－6　全国和分地区教育基本公共服务产出水平均等化进程（2003～2016年）

义务教育基本公共服务产出均等化相对进程如表3－8所示。

4. 受益水平与均等化相对进程

图3－7是从受益角度观测的2003～2016年东、中、西部地区和全国教育基本公共服务得分水平。可以看出，从2003年到2016年，东、中、西部地区和全国的教育基本公共服务受益项得分均呈现出明显的上升趋势，其中东部地区教育基本公共服务受益项得分最高，中部地区其次且与全国平均水平较为接近，西部地区得分最低，但与全国平均水平的差距在逐年减小。

表 3-8　　义务教育基本公共服务产出均等化相对进程

省份	2003 年	2004 年	2005 年	2006 年	2007 年	2008 年	2009 年	2010 年	2011 年	2012 年	2013 年	2014 年	2015 年	2016 年
北京	1.165	1.098	1.091	1.081	1.085	1.018	1.017	0.991	0.965	0.946	0.924	0.902	0.879	0.857
天津	1.150	1.096	1.051	1.091	1.010	1.062	1.074	1.059	1.045	1.028	1.019	1.011	1.002	0.994
河北	1.138	1.035	1.070	1.052	1.039	1.050	1.043	1.024	1.013	1.003	0.993	0.983	0.973	0.963
山西	1.471	1.298	1.289	1.212	1.186	1.155	1.128	1.075	1.032	0.971	0.924	0.878	0.831	0.784
内蒙古	0.754	0.733	0.820	0.840	0.832	0.859	0.875	0.894	0.916	0.941	0.962	0.983	1.004	1.025
辽宁	1.031	0.986	1.004	0.977	0.974	0.977	0.965	0.951	0.937	0.931	0.922	0.913	0.903	0.894
吉林	0.678	0.886	0.890	0.909	0.957	0.931	0.950	1.008	1.021	1.071	1.102	1.134	1.165	1.196
黑龙江	0.448	0.565	0.777	0.799	0.810	0.859	0.874	0.980	1.070	1.130	1.197	1.263	1.330	1.396
上海	1.329	1.318	1.308	1.238	1.234	1.304	1.237	1.218	1.192	1.187	1.172	1.157	1.141	1.126
江苏	1.031	0.954	0.984	0.989	0.974	0.977	0.981	0.969	0.963	0.960	0.956	0.952	0.947	0.943
浙江	1.102	1.049	1.036	0.997	0.969	0.961	0.917	0.886	0.853	0.828	0.799	0.769	0.740	0.711
安徽	1.108	1.122	1.141	1.149	1.202	1.143	1.135	1.136	1.128	1.149	1.151	1.152	1.154	1.156
福建	1.079	1.040	1.056	1.035	1.019	1.004	0.979	0.960	0.938	0.930	0.913	0.897	0.880	0.864
江西	1.091	1.027	1.034	1.045	1.058	1.085	1.078	1.071	1.069	1.076	1.079	1.082	1.085	1.088
山东	1.170	1.081	1.093	1.067	1.084	1.076	1.083	1.065	1.052	1.041	1.033	1.024	1.015	1.006
河南	1.370	1.257	1.322	1.296	1.306	1.254	1.247	1.223	1.207	1.197	1.181	1.165	1.150	1.134
湖北	1.056	0.989	0.996	0.990	1.034	1.090	1.078	1.077	1.083	1.097	1.107	1.118	1.129	1.139

续表

省份	2003年	2004年	2005年	2006年	2007年	2008年	2009年	2010年	2011年	2012年	2013年	2014年	2015年	2016年
湖南	1.122	0.988	0.997	1.013	1.075	1.069	1.064	1.051	1.053	1.057	1.058	1.060	1.062	1.063
广东	1.109	1.062	1.077	1.057	1.043	1.044	1.043	1.028	1.013	1.006	0.996	0.987	0.977	0.968
广西	0.876	0.828	0.900	0.967	0.899	0.937	0.984	1.001	1.025	1.040	1.061	1.082	1.103	1.123
海南	0.899	0.938	1.039	0.980	0.950	0.908	0.830	0.818	0.794	0.800	0.779	0.758	0.737	0.716
重庆	1.174	1.086	1.127	1.149	1.106	1.136	1.138	1.128	1.126	1.125	1.124	1.123	1.122	1.122
四川	0.961	0.928	0.937	0.982	0.938	0.907	0.924	0.915	0.905	0.902	0.896	0.890	0.884	0.877
贵州	0.824	0.816	0.892	0.893	0.861	0.850	0.931	0.947	0.962	0.968	0.984	1.001	1.017	1.033
云南	0.581	0.568	0.635	0.701	0.746	0.787	0.808	0.850	0.902	0.944	0.987	1.029	1.072	1.115
陕西	1.197	1.115	1.117	1.156	1.079	1.047	1.007	0.975	0.945	0.924	0.895	0.866	0.837	0.808
甘肃	0.767	0.787	0.833	0.863	0.909	0.960	0.939	0.968	0.993	1.038	1.067	1.096	1.126	1.155
青海	0.746	0.730	0.789	0.762	0.954	0.871	0.917	0.949	0.987	1.022	1.055	1.088	1.121	1.155
宁夏	0.835	0.893	0.944	0.922	0.885	0.890	0.938	0.953	0.955	0.964	0.975	0.985	0.995	1.006
新疆	0.742	0.657	0.753	0.793	0.784	0.792	0.818	0.830	0.856	0.872	0.891	0.909	0.928	0.946

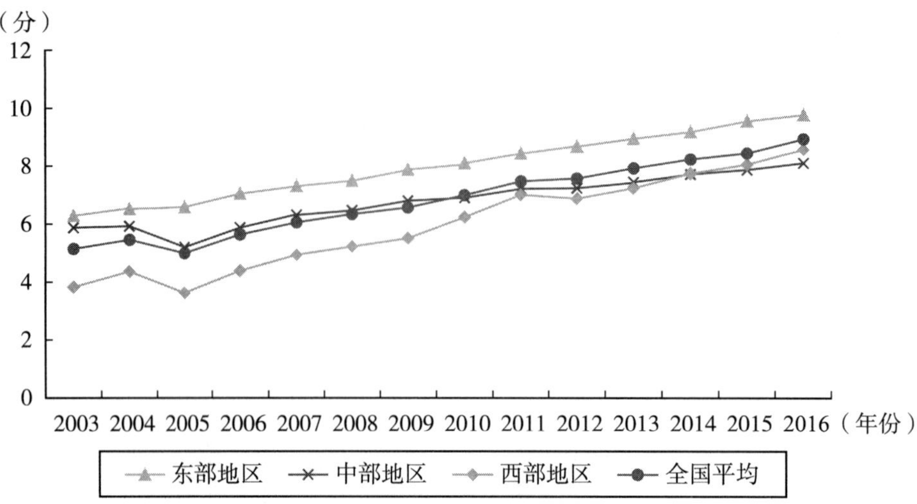

图3－7　全国和分地区教育基本公共服务受益项得分趋势（2003～2016年）

图3－8采用离差的方法描述了东、中、西部地区和全国的受益项得分内部差异变化趋势。可以明显地看出，东、中、西部地区和全国教育基本服务受益项得分的内部差异均呈现下降的趋势。从相对差异水平来看，中部地区教育基本服务受益项得分的内部差异最小，西部次之，东部最大。虽然全国教育基本服务受益项得分的内部差异历年基本上最大，但在2011年首次低于东部地区。

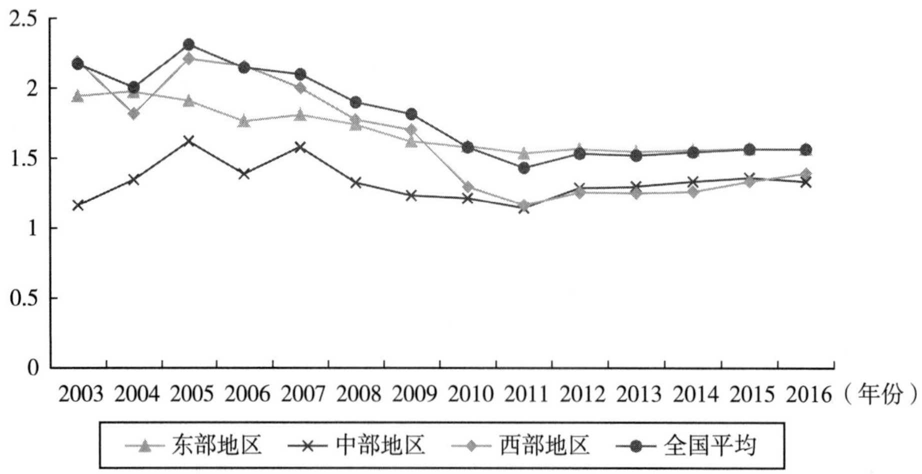

图3－8　全国和分地区教育基本公共服务受益项分区域显示图（2003～2016年）

义务教育基本公共服务受益均等化相对进程如表3－9所示。

表 3-9　义务教育基本公共服务受益均等化相对进程

省份	2003 年	2004 年	2005 年	2006 年	2007 年	2008 年	2009 年	2010 年	2011 年	2012 年	2013 年	2014 年	2015 年	2016 年
北京	1.804	1.760	1.960	1.779	1.733	1.650	1.620	1.552	1.488	1.480	1.435	1.390	1.345	1.300
天津	1.483	1.530	1.655	1.547	1.474	1.437	1.416	1.371	1.318	1.326	1.297	1.268	1.240	1.211
河北	1.246	1.208	1.240	1.128	1.070	1.113	1.071	1.019	0.971	0.950	0.916	0.883	0.849	0.815
山西	1.319	1.251	1.369	1.325	1.261	1.215	1.177	1.127	1.084	1.086	1.056	1.026	0.996	0.966
内蒙古	0.827	1.005	1.063	1.020	1.030	0.992	0.992	1.001	0.980	1.026	1.033	1.040	1.047	1.054
辽宁	1.483	1.406	1.482	1.384	1.321	1.294	1.271	1.208	1.153	1.131	1.091	1.051	1.010	0.970
吉林	1.473	1.420	1.369	1.286	1.250	1.223	1.204	1.138	1.075	1.035	0.988	0.940	0.893	0.846
黑龙江	1.323	1.314	1.352	1.269	1.243	1.200	1.141	1.087	1.031	1.023	0.984	0.945	0.906	0.867
上海	1.698	1.580	1.749	1.658	1.587	1.541	1.492	1.425	1.371	1.366	1.326	1.286	1.246	1.206
江苏	0.773	0.814	1.103	1.032	1.046	1.009	1.008	1.030	1.051	1.113	1.139	1.165	1.191	1.216
浙江	0.845	0.835	0.895	0.960	0.909	0.923	0.956	0.953	0.956	0.988	1.003	1.018	1.033	1.047
安徽	0.803	0.664	0.424	0.562	0.488	0.590	0.632	0.618	0.621	0.565	0.558	0.551	0.544	0.537
福建	0.790	0.659	0.833	0.846	0.799	0.807	0.931	0.939	0.977	0.988	1.017	1.046	1.075	1.104
江西	1.185	1.025	0.939	0.928	1.048	1.033	1.085	1.051	1.039	1.028	1.026	1.024	1.022	1.020
山东	0.845	0.868	0.899	1.010	1.005	0.982	0.959	0.958	0.957	1.010	1.024	1.037	1.051	1.064
河南	1.069	1.117	1.076	1.022	1.008	1.015	1.005	0.972	0.931	0.929	0.910	0.891	0.872	0.853
湖北	0.941	0.946	0.933	1.014	1.024	1.030	0.979	0.965	0.951	0.993	0.996	1.000	1.003	1.006

续表

省份	2003 年	2004 年	2005 年	2006 年	2007 年	2008 年	2009 年	2010 年	2011 年	2012 年	2013 年	2014 年	2015 年	2016 年
湖南	1. 123	1. 131	1. 135	1. 131	1. 153	1. 087	1. 072	1. 040	1. 006	1. 022	1. 006	0. 991	0. 976	0. 961
广东	1. 154	1. 148	1. 338	1. 244	1. 249	1. 217	1. 192	1. 169	1. 148	1. 183	1. 178	1. 173	1. 168	1. 164
广西	1. 044	1. 073	1. 056	1. 126	1. 060	1. 016	1. 008	0. 980	0. 948	0. 962	0. 948	0. 934	0. 919	0. 905
海南	1. 124	1. 187	1. 105	1. 009	1. 010	0. 968	0. 969	0. 925	0. 870	0. 842	0. 807	0. 772	0. 736	0. 701
重庆	1. 042	0. 734	0. 858	0. 881	0. 919	0. 899	0. 907	0. 873	0. 880	0. 879	0. 877	0. 875	0. 873	0. 871
四川	0. 836	0. 810	0. 501	0. 696	0. 763	0. 760	0. 793	0. 799	0. 813	0. 796	0. 805	0. 814	0. 822	0. 831
贵州	0. 360	0. 477	0. 185	0. 308	0. 418	0. 513	0. 545	0. 635	0. 726	0. 701	0. 749	0. 797	0. 844	0. 892
云南	0. 092	0. 469	0. 238	0. 417	0. 426	0. 535	0. 496	0. 866	1. 039	0. 976	1. 070	1. 163	1. 257	1. 351
陕西	0. 981	1. 019	1. 069	1. 042	1. 011	1. 016	1. 016	0. 998	0. 974	0. 995	0. 992	0. 988	0. 984	0. 980
甘肃	0. 364	0. 425	0. 311	0. 202	0. 357	0. 418	0. 486	0. 528	0. 569	0. 548	0. 576	0. 605	0. 633	0. 661
青海	0. 156	0. 223	0. 141	0. 370	0. 415	0. 475	0. 555	0. 748	1. 003	0. 945	1. 044	1. 142	1. 240	1. 338
宁夏	0. 557	0. 685	0. 526	0. 654	0. 713	0. 876	0. 858	0. 921	0. 967	1. 020	1. 074	1. 128	1. 182	1. 236
新疆	1. 264	1. 216	1. 195	1. 152	1. 211	1. 155	1. 163	1. 121	1. 085	1. 085	1. 067	1. 049	1. 032	1. 014

二、地区间义务教育公共服务非均等测算

首先采用标准差方法来对地区间义务教育投入、产出、受益和总体保障水平的差距进行评估。可以发现，义务教育基本公共服务地区间投入和总体保障水平差距呈现明显的拉大趋势，地区间义务教育投入标准差从2003年的1.336快速上升至2011年的2.834，由于产出和受益标准分别从2003年的1.258和2.157下降至2011年的0.535和1.420，进而使得总体保障水平的标准差不至于下降过多（见表3-10）。

表3-10　地区间义务教育基本公共服务投入、产出、受益和总体保障标准差

项目	2003年	2004年	2005年	2006年	2007年	2008年	2009年
投入	1.336	1.543	1.896	2.280	2.020	2.104	2.272
产出	1.258	1.076	0.886	0.794	0.735	0.704	0.621
受益	2.157	1.997	2.320	2.146	2.075	1.882	1.815
总体保障	1.208	1.208	1.428	1.502	1.388	1.369	1.379
项目	2010年	2011年	2012年	2013年	2014年	2015年	2016年
投入	2.536	2.834	2.887	3.046	3.205	3.364	3.523
产出	0.556	0.535	0.373	0.319	0.284	0.260	0.235
受益	1.561	1.420	1.469	1.377	1.285	1.193	1.101
总体保障	1.409	1.470	1.492	1.515	1.539	1.563	1.586

接下来，我们采用相对平均偏差（relative mean deviation）、变异系数（coefficient of variation）、均数的标准差（standard deviation of logs）、基尼系数（Gini coefficient）、迈赫兰指数（Mehran measure）、Piesch measure、卡克瓦尼指数（Kakwani measure）、泰尔熵度量（Theil entropy measure）、泰尔平均对数偏差测量（Theil mean log deviation measure）九类不平等指数来分别评估投入、产出、受益和产出地区间的不均等程度。

如表3－11～表3－14分别表示的是地区间义务教育基本公共服务投入不均等、产出不均等、受益不均等和总体保障不均等程度。我们发现，对于投入不均等而言，各类不均等指数均出现不限程度的下降趋势，与标准差测算得到的结论相反，地区间义务教育基本公共服务投入不均等程度呈现不同程度的下降趋势，但是不均等的水平依然较高。

我们发现，地区间义务教育产出不均等程度总体水平相对较低，各类产出不均等指数明显低于投入不均等指数，同时也呈现出较大幅度的下降趋势，这说明各地区义务教育公共服务产出差距开始呈现出缩小趋势。同样的结论也出现在受益不均等和总体保障不均等指数评估中。基于此，我们认为，地区间义务教育基本公共服务不均等开始呈现出不同程度的下降趋势，即朝着均等化方向迈进。

第三节　城乡间义务教育公共服务均等化进程评估

一、城乡义务教育公共服务指标设计

本部分将按照上述部分的思路，构建一个城乡义务教育均等化的指标体系，并根据已有数据测算各地区城乡义务教育均等化程度和进程。根据数据的可及性，我们主要采用义务教育公共资源投入的指标来评估义务教育均等化，主要包括：城市和农村小学生均事业费、城市和农村初中生均事业费、城市和农村小学生均公用经费、城市和农村初中生均公用经费、城市和农村小学专任教师学历、城市农村初中专任教师学历。接下来是指标权重的确定。采用主成分方法进行合成，城乡义务教育基本公共服务均等化指数＝0.1667×城乡小学生均事业费均等指数＋0.1656×城乡初中生均事业费均等指数＋0.1456×城乡小学生均公用经费均等指数＋0.1798×城乡初中生均公用经费均等指数＋0.134×城乡小

表 3－11　　地区间义务教育基本公共服务投入不均等评估

不平等指标	2003 年	2004 年	2005 年	2006 年	2007 年	2008 年	2009 年	2010 年	2011 年	2012 年	2013 年	2014 年	2015 年	2016 年
relative mean deviation	0. 159	0. 168	0. 169	0. 168	0. 149	0. 137	0. 131	0. 130	0. 128	0. 120	0. 114	0. 108	0. 103	0. 097
coefficient of variation	0. 481	0. 492	0. 527	0. 552	0. 431	0. 390	0. 375	0. 366	0. 356	0. 329	0. 306	0. 284	0. 262	0. 239
standard deviation of logs	0. 394	0. 403	0. 409	0. 404	0. 363	0. 340	0. 330	0. 328	0. 326	0. 307	0. 295	0. 283	0. 271	0. 259
Gini coefficient	0. 226	0. 233	0. 239	0. 238	0. 209	0. 193	0. 187	0. 853	0. 183	0. 186	0. 178	0. 170	0. 162	0. 154
Mehran measure	0. 302	0. 311	0. 314	0. 309	0. 282	0. 265	0. 258	0. 257	0. 255	0. 242	0. 233	0. 225	0. 217	0. 208
Piesch measure	0. 188	0. 194	0. 201	0. 203	0. 173	0. 158	0. 152	0. 150	0. 147	0. 137	0. 130	0. 122	0. 115	0. 108
Kakwani measure	0. 049	0. 051	0. 055	0. 056	0. 042	0. 036	0. 033	0. 033	0. 032	0. 027	0. 024	0. 021	0. 018	0. 014
Theil entropy measure	0. 093	0. 097	0. 106	0. 111	0. 077	0. 065	0. 060	0. 058	0. 056	0. 047	0. 040	0. 033	0. 027	0. 020
Theil mean log deviation measure	0. 084	0. 087	0. 093	0. 094	0. 070	0. 060	0. 056	0. 055	0. 054	0. 046	0. 040	0. 035	0. 029	0. 024

表 3－12　地区间义务教育基本公共服务产出不均等评估

不平等指标	2003 年	2004 年	2005 年	2006 年	2007 年	2008 年	2009 年	2010 年	2011 年	2012 年	2013 年	2014 年	2015 年	2016 年
relative mean deviation	0.096	0.078	0.062	0.055	0.052	0.051	0.046	0.039	0.038	0.025	0.019	0.012	0.006	0.001
coefficient of variation	0.236	0.199	0.162	0.142	0.132	0.127	0.113	0.100	0.096	0.064	0.048	0.032	0.016	0.003
standard deviation of logs	0.264	0.216	0.168	0.146	0.133	0.126	0.112	0.100	0.096	0.055	0.036	0.017	0.012	0.008
Gini coefficient	0.129	0.109	0.089	0.079	0.073	0.070	0.063	0.055	0.053	0.036	0.027	0.018	0.009	0.001
Mehran measure	0.200	0.169	0.134	0.119	0.109	0.103	0.092	0.081	0.079	0.050	0.036	0.021	0.007	0.002
Piesch measure	0.094	0.080	0.066	0.059	0.055	0.054	0.048	0.042	0.040	0.029	0.023	0.017	0.010	0.004
Kakwani measure	0.017	0.012	0.008	0.006	0.005	0.005	0.004	0.003	0.003	0.002	0.002	0.002	0.001	0.001
Theil entropy measure	0.028	0.020	0.013	0.010	0.008	0.008	0.006	0.005	0.004	0.004	0.004	0.003	0.003	0.002
Theil mean log deviation measure	0.031	0.021	0.013	0.010	0.009	0.008	0.006	0.005	0.004	0.004	0.004	0.003	0.003	0.002

表 3－13　　地区间义务教育基本公共服务受益不均等评估

不平等指标	2003 年	2004 年	2005 年	2006 年	2007 年	2008 年	2009 年	2010 年	2011 年	2012 年	2013 年	2014 年	2015 年	2016 年
relative mean deviation	0. 161	0. 146	0. 177	0. 139	0. 127	0. 109	0. 098	0. 078	0. 063	0. 056	0. 043	0. 030	0. 017	0. 004
coefficient of variation	0. 417	0. 366	0. 461	0. 380	0. 344	0. 299	0. 275	0. 221	0. 189	0. 178	0. 148	0. 118	0. 088	0. 058
standard deviation of logs	0. 661	0. 449	0. 663	0. 502	0. 413	0. 339	0. 305	0. 232	0. 197	0. 136	0. 080	0. 023	0. 017	0. 012
Gini coefficient	0. 229	0. 204	0. 253	0. 207	0. 186	0. 162	0. 148	0. 117	0. 097	0. 091	0. 074	0. 057	0. 039	0. 022
Mehran measure	0. 351	0. 308	0. 386	0. 316	0. 285	0. 246	0. 224	0. 174	0. 144	0. 135	0. 108	0. 081	0. 054	0. 027
Piesch measure	0. 168	0. 152	0. 187	0. 152	0. 137	0. 120	0. 110	0. 089	0. 074	0. 069	0. 057	0. 044	0. 032	0. 019
Kakwani measure	0. 058	0. 042	0. 070	0. 047	0. 038	0. 028	0. 023	0. 014	0. 011	0. 009	0. 008	0. 008	0. 006	0. 005
Theil entropy measure	0. 100	0. 070	0. 118	0. 078	0. 062	0. 046	0. 038	0. 024	0. 018	0. 006	0. 005	0. 004	0. 003	0. 026
Theil mean log deviation measure	0. 145	0. 083	0. 160	0. 098	0. 072	0. 050	0. 042	0. 025	0. 018	0. 014	0. 012	0. 010	0. 007	0. 005

表 3－14　地区间义务教育基本公共服务总体保障不均等评估

不平等指标	2003 年	2004 年	2005 年	2006 年	2007 年	2008 年	2009 年	2010 年	2011 年	2012 年	2013 年	2014 年	2015 年	2016 年
relative mean deviation	0. 096	0. 091	0. 104	0. 096	0. 088	0. 081	0. 077	0. 073	0. 072	0. 068	0. 065	0. 061	0. 057	0. 054
coefficient of variation	0. 284	0. 268	0. 311	0. 300	0. 259	0. 240	0. 228	0. 215	0. 207	0. 199	0. 187	0. 176	0. 164	0. 153
standard deviation of logs	0. 284	0. 250	0. 295	0. 273	0. 244	0. 224	0. 210	0. 195	0. 188	0. 176	0. 164	0. 151	0. 138	0. 125
Gini coefficient	0. 146	0. 136	0. 157	0. 146	0. 131	0. 120	0. 114	0. 107	0. 104	0. 098	0. 092	0. 086	0. 080	0. 074
Mehran measure	0. 211	0. 191	0. 224	0. 205	0. 187	0. 171	0. 160	0. 149	0. 144	0. 136	0. 126	0. 117	0. 108	0. 098
Piesch measure	0. 114	0. 108	0. 123	0. 116	0. 103	0. 095	0. 091	0. 087	0. 084	0. 080	0. 075	0. 071	0. 066	0. 062
Kakwani measure	0. 022	0. 019	0. 025	0. 022	0. 018	0. 015	0. 013	0. 012	0. 011	0. 010	0. 008	0. 006	0. 005	0. 003
Theil entropy measure	0. 038	0. 032	0. 044	0. 039	0. 031	0. 026	0. 023	0. 021	0. 019	0. 017	0. 014	0. 011	0. 008	0. 006
Theil mean log deviation measure	0. 038	0. 031	0. 043	0. 038	0. 030	0. 025	0. 022	0. 020	0. 018	0. 015	0. 012	0. 010	0. 007	0. 004

学专任教师学历均等指数 + 0.2083 × 城乡初中专任教师学历均等指数。相应地，城乡小学生均事业费均等指数 = 农村小学生均事业费 ÷ 城镇小学生均事业费，城乡初中生均事业费均等指数 = 农村初中生均事业费 ÷ 城镇初中生均事业费；城乡小学生均公用经费均等指数 = 农村小学生均公用经费 ÷ 城镇小学生均公用经费，城乡初中生均公用经费均等指数 = 农村初中生均公用经费 ÷ 城镇初中生均公用经费；城乡小学专任教师学历均等指数 = 农村小学专任教师专科及以上学历占比 ÷ 城镇小学教师专科及以上学历占比，城乡初中专任教师学历均等指数 = 农村初中专任教师专科及以上学历占比 ÷ 城镇初中教师专科及以上学历占比。上述数据均来自《中国教育计费统计年鉴》《中国教育统计年鉴》。

二、城乡义务教育均等化进程评估

我们计算了 2004 ~ 2016 年各地区城乡义务教育基本公共服务均等化指数。可以发现，全国绝大部分地区的城乡义务教育基本公共服务均等化有不同程度提高，2004 ~ 2016 年，全国城乡义务教育基本公共服务均等化指数分别为 0.601、0.657、0.712、0.740、0.767、0.777、0.782、0.787、0.843、0.869、0.894、0.920 和 0.945，其中东部地区城乡义务教育基本公共服务均等化指数相对较高，2004 ~ 2016 年分别为 0.603、0.660、0.716、0.745、0.773、0.782、0.787、0.791、0.849、0.875、0.901、0.927 和 0.952；西部地区其次，分别为 0.599、0.656、0.713、0.741、0.769、0.778、0.782、0.787、0.844、0.870、0.896、0.922 和 0.948；中部地区最后，分别为 0.603、0.653、0.704、0.729、0.754、0.767、0.774、0.780、0.831、0.855、0.880、0.904 和 0.929（见表 3 - 15）。

表 3-15　各地区城乡义务教育基本公共服务均等化指数

省份	2004 年	2005 年	2006 年	2007 年	2008 年	2009 年	2010 年	2011 年	2012 年	2013 年	2014 年	2015 年	2016 年
北京	0.731	0.810	0.889	0.928	0.967	0.972	0.974	0.976	1.057	1.091	1.124	1.158	1.192
天津	0.520	0.589	0.658	0.693	0.727	0.722	0.720	0.717	0.789	0.816	0.843	0.870	0.897
河北	0.641	0.714	0.787	0.824	0.860	0.862	0.862	0.863	0.939	0.969	0.999	1.030	1.060
辽宁	0.496	0.554	0.612	0.640	0.669	0.669	0.670	0.670	0.730	0.753	0.777	0.801	0.825
上海	0.715	0.759	0.804	0.826	0.848	0.873	0.886	0.899	0.942	0.967	0.993	1.018	1.044
江苏	0.522	0.594	0.666	0.701	0.737	0.730	0.727	0.724	0.799	0.826	0.854	0.881	0.909
浙江	0.703	0.752	0.801	0.826	0.850	0.872	0.882	0.893	0.941	0.968	0.994	1.020	1.047
福建	0.574	0.638	0.701	0.733	0.764	0.767	0.768	0.769	0.834	0.861	0.888	0.915	0.941
山东	0.543	0.602	0.661	0.691	0.720	0.723	0.725	0.726	0.787	0.812	0.837	0.862	0.887
广东	0.621	0.610	0.598	0.593	0.587	0.641	0.668	0.695	0.677	0.688	0.699	0.710	0.721
海南	0.569	0.637	0.704	0.738	0.771	0.771	0.771	0.771	0.841	0.868	0.896	0.923	0.951
东部地区	0.603	0.660	0.716	0.745	0.773	0.782	0.787	0.791	0.849	0.875	0.901	0.927	0.952
吉林	0.730	0.770	0.811	0.831	0.851	0.880	0.895	0.909	0.947	0.972	0.998	1.023	1.048
黑龙江	0.610	0.671	0.732	0.762	0.792	0.799	0.803	0.806	0.868	0.895	0.922	0.949	0.976
安徽	0.512	0.572	0.631	0.661	0.690	0.691	0.691	0.691	0.753	0.777	0.802	0.826	0.851
江西	0.705	0.733	0.761	0.775	0.789	0.824	0.842	0.859	0.884	0.906	0.927	0.949	0.971
河南	0.529	0.589	0.649	0.679	0.709	0.710	0.711	0.712	0.774	0.799	0.824	0.849	0.874

续表

省份	2004年	2005年	2006年	2007年	2008年	2009年	2010年	2011年	2012年	2013年	2014年	2015年	2016年
湖北	0.546	0.584	0.623	0.642	0.661	0.678	0.686	0.694	0.732	0.753	0.773	0.794	0.814
湖南	0.588	0.654	0.720	0.753	0.786	0.788	0.789	0.790	0.858	0.886	0.913	0.941	0.969
中部地区	0.603	0.653	0.704	0.729	0.754	0.767	0.774	0.780	0.831	0.855	0.880	0.904	0.929
山西	0.594	0.667	0.740	0.776	0.812	0.810	0.809	0.808	0.883	0.913	0.942	0.971	1.000
内蒙古	0.676	0.742	0.808	0.841	0.874	0.883	0.887	0.891	0.959	0.988	1.018	1.047	1.077
广西	0.544	0.596	0.648	0.673	0.699	0.707	0.711	0.715	0.767	0.791	0.814	0.838	0.861
重庆	0.557	0.601	0.645	0.666	0.688	0.702	0.709	0.716	0.759	0.781	0.803	0.825	0.847
四川	0.542	0.609	0.675	0.708	0.741	0.739	0.739	0.738	0.807	0.834	0.860	0.887	0.914
贵州	0.447	0.528	0.608	0.648	0.688	0.670	0.661	0.653	0.738	0.766	0.793	0.821	0.849
云南	0.589	0.640	0.691	0.717	0.742	0.754	0.760	0.765	0.817	0.841	0.866	0.890	0.914
西藏	0.711	0.775	0.838	0.870	0.901	0.914	0.920	0.927	0.991	1.020	1.050	1.080	1.110
陕西	0.587	0.651	0.714	0.746	0.777	0.781	0.782	0.784	0.849	0.876	0.903	0.930	0.957
甘肃	0.541	0.584	0.627	0.648	0.669	0.682	0.689	0.696	0.738	0.760	0.781	0.802	0.824
青海	0.712	0.754	0.797	0.818	0.839	0.865	0.879	0.892	0.933	0.958	0.983	1.008	1.033
宁夏	0.666	0.718	0.770	0.795	0.821	0.838	0.847	0.855	0.907	0.933	0.959	0.985	1.011
新疆	0.624	0.665	0.706	0.727	0.747	0.768	0.778	0.788	0.828	0.851	0.874	0.897	0.920
西部地区	0.599	0.656	0.713	0.741	0.769	0.778	0.782	0.787	0.844	0.870	0.896	0.922	0.948
平均	0.601	0.657	0.712	0.740	0.767	0.777	0.782	0.787	0.843	0.869	0.894	0.920	0.945

第四章
我国义务教育服务非均等的影响因素分析

第一节　地区间义务教育服务非均等影响因素分析：基于回归的分解方法

一、研究思路与方法选择

2004～2016年，我国各省市区的义务教育基本公共服务水平差距发生比较显著的变化，那么，不同因素对地区间义务教育基本公共服务差距的影响程度也会随之发生变化，定量分解经济发展水平、财政能力、转移支付、教育需求、人口结构等因素对义务教育公共服务差距的影响程度，将有利于更深入地认识义务教育公共服务差距背后的深层次原因。本部分在运用夏普里值分解方法（Shorrocks，1999；Wan，2004）分解义务教育差距之前，先基于Heckman两步法建立一个选择方程，然后回归得到义务教育公共服务决定方程的各项系数。

本书主要关注义务教育基本公共服务的地区差距，因而基于以往义务教育公共服务影响因素的方程，建立如下方程：

$$\ln(Y) = \alpha_0 + \sum_i \beta_i X_i + \lambda\phi(\gamma'w)/\Phi(\gamma'w) + \omega \tag{4.1}$$

式（4.1）中，Y表示义务教育公共服务，X_i为影响义务教育公共服务水平Y的解释变量，α_0表示常数项，$\phi(\gamma'w)/\Phi(\gamma'w)$表示修正项，ω为义务教育公共服务中不能被$X_i$和修正项所解释的不可观测部分。

本书所使用的分解方法是一种基于回归方程的夏普里值分解方法。我们都知道，长期以来，许多学者们都尝试使用具有不同优势的回归分解方法来研究收入和公共事务发展的差距。常见的方法是Oaxaca分解方法（Oaxaca，1973；Blinder，1973），约翰等（Juhn et al.，1992）和布吉尼翁等（Bourguignon et al.，2001）分别进一步拓展了该分解方法，但是该方法有一个局限就是，只关注两个组之间的差距，不能解释特定因素对总体不平等的贡献，即它是基于数据本身的一种分解方法，而与其他社会经济因素无关。还有一种基于半参数和非参数的分解方法也偶尔被使用（Dinardo et al.，1996），尽管该方法不需要一些结构化的假设，而且还能够分析各类经济社会因素对不平等的影响，但是却有一个局限性，即不平等的分解结果取决于影响因素的排序，由于相关的影响因素不多，因而使得到的结论并不稳健。

对此，我们采用万光华（2004；2009）所发展的夏普里值（Shapely）分解方法对地区间义务教育公共服务非均等的原因进行分解。义务教育非均等程度使用基尼系数。该方法的描述如下：

首先将半对数的式（4.1）义务教育公共服务决定方面转化为下面形式：

$$Y = \exp(\alpha_0 + \sum_i \beta_i X_i + \lambda\phi(\gamma'w)/\Phi(\gamma'w) + \omega) \tag{4.2}$$

我们将基尼系数作为度量义务教育公共服务不均等的指标，在方程（4.1）中，采用夏普里值（Shapely）分解方法常数项对义务教育公共服务不均等没有影响，对此，在本对数义务教育公共服务水平决定方程中只有各个解释变量和残差项对不均等有贡献。残差项对不均等基尼系数的贡献，采用 Before - After 远离，即使用总的义务教育公共服务水平 Y 的基尼系数 G(Y) 减去残差项 $\omega=0$ 时的基尼系数。

$$C_\omega = G(Y) - G(Y|\omega=0) \tag{4.3}$$

其中，$G(Y|\omega=0)$ 的分解过程遵循 Shapely 自然分解的原理。基于对地区间义务教育非均等程度的分解，我们还进一步对义务教育公共服务非均等的动态变化进行了分解，进一步挖掘动态演变背后的驱动因素。

$$G_1(\cdot) - G_2(\cdot) = \sum_j [s_{j,2}G_2(\cdot) - s_{j,1}G_1(\cdot)] \tag{4.4}$$

式（4.4）中，$s_{j,1}$、$s_{j,2}$分别表示前后两期因素 j 对义务教育公共服务基尼系数的贡献比例，$G_1(\cdot)$、$G_2(\cdot)$ 表示前后两期不平等程度。

遵循上述研究思路，我们首先确定义务教育公共服务水平的影响因素，分别依次确定了所在地区的经济发展水平、县级财力水平、省本级财力水平、转移支付水平、公共需求（人均收入①）、人均受教育年限、人口结构、外商直接投资、科学技术，来分别从不同侧面反映经济能力、财力水平、公民需求、社

① 所在地区的居民人均收入水平 =（城镇居民可支配收入 × 城镇居民数 + 农村居民纯收入 × 农村居民数）÷（城镇居民数 + 农村居民数）

会需求等多个因素对义务教育公共服务水平的影响。我们首先采用居民消费者价格指数，以 1990 年为基准对其中所涉及的货币表示的变量进行价格平减。对于各类变量，经济发展水平我们采用人均实际 GDP，县级财力水平采用县本级的人均财政收入水平（县本级一般预算财政收入 ÷ 总人口）表示，省本级财力水平采用省本级的人均财政收入水平（省本级一般预算财政收入 ÷ 总人口），转移支付水平采用县本级人均转移支付水平（县本级转移支付 ÷ 总人口），人均受教育年限采用全部 6 岁及 6 岁以上人口的平均受教育年限来度量，人口结构采用 0 ~ 14 岁人口占总人口比重表示，外商直接投资水平采用外商直接投资占 GDP 比重表示，科学技术因素采用人均授权专利数表示。

以上所有数据均来自《中国统计年鉴》《中国教育经费统计年鉴》《中国财政年鉴》《中国地市县财政统计资料》《中国科技统计年鉴》《中国检察年鉴》，所有货币单位表示的指标均以 1992 年的价格指数为基期进行价格平减。由于西藏和重庆数据的独特性，分别采取删除和并入四川两种方式处理，时间区间为 2004 ~ 2016 年。

二、实证结果

由于本部分的目的在于分析各类因素对义务教育公共服务水平差距的贡献程度，所以对义务教育基本公共服务水平的影响因素分析将做简易分析，根据相应的回归显著性，我们确定了五个显著影响地区义务教育公共服务水平的因素，分别是经济发展水平、县级财力水平、省本级财力水平、转移支付水平和需求。接下来，我们将重点分析确定的五类因素对地区间义务教育公共服务不均等程度的贡献度以及随时间是如何发生变化的。如表 4 - 1 所示，我们发现：

（1）2004 ~ 2016 年，地区经济发展水平、县级财力水平和转移支付是影响义务教育公共服务非均等的主要因素，具体说来：地区经济发展水平从总体上影响着一个地区对义务教育的供给和需求，事实上，从改革开放以来，我国地区间经济发展水平和经济增长速度呈现出明显的发散趋势，收敛趋势并不明显，因而地区经济发展水平差距是造成义务教育公共服务非均等的经济基础；对于县级财力水平而言，长期以来特别是义务教育管理体制改革后，以县为主的义务教育管理和经费来源体制就决定了义务教育基本公共服务供给的财力主要来自县本级，因此，县级财力水平的强弱直接决定着义务教育公共服务的供给水平；对于转移支付因素而言，尽管实行以县为主的义务教育经费管理体制，但是中央财政也实施相应的解决财力薄弱地区的转移支付，因而转移支付因素在很大程度上也会影响甚至决定着县级政府的义务教育投入水平和激励程度。

（2）从动态变化的角度来看，经济发展水平对地区间义务教育公共服务非均等的贡献排序从2004 年的第一位下降至2016 年的第四位，2004～2016 年，经济发展水平对义务教育非均等的贡献度分别为 36.33%、35.97%、22.98%、21.05%、19.78%、18.99%、17.96%、16.98%、9.35%、6.36%、3.39%、3.23%和2.57%；县级财力水平 2004 年为第二位，2006 年上升至第一位并保持到 2016 年，县级财力水平对地区间义务教育公共服务非均等的贡献程度分别为 34.67%、33.66%、34.68%、34.88%、35.18%、35.14%、35.01%、34.78%、35.23%、35.48%、35.60%、35.73%和35.89%；省本级财力对义务教育非均等的贡献排序从第三位逐步下降至 2016 年的第五位，2004～2016 年，其对义务教育公共服务地区间非均等的贡献度分别为 11.6%、8.57%、7.44%、8.77%、5.99%、6.15%、7.53%、6.51%、4.57%、3.89%、2.75%、2.30% 和 1.97%；转移支付对义务教育非均等的贡献排序从第四位稳步上升至 2016 年的第二位，其对义务教育公共服务地区间非均等的贡献度分别为 10.56%、13.78%、19.69%、20.43%、22.07%、22.17%、21.84%、23.67%、26.83%、28.52%、30.19%、31.88%和32.15%。

表 4－1　　2004～2016 年地区间义务教育公共服务非均等程度的影响因素排序

单位：%

年份	第一位	第二位	第三位	第四位	第五位
2004	经济发展水平（36.33）	县本级财力（34.67）	省本级财力（11.6）	转移支付（10.56）	居民需求（6.84）
2005	经济发展水平（35.97）	县本级财力（33.66）	转移支付（13.78）	省本级财力（8.57）	居民需求（8.01）
2006	县本级财力（34.68）	经济发展水平（22.98）	转移支付（19.69）	居民需求（12.21）	省本级财力（7.44）

续表

年份	第一位	第二位	第三位	第四位	第五位
2007	县本级财力（34.88）	经济发展水平（21.05）	转移支付（20.43）	居民需求（14.87）	省本级财力（8.77）
2008	县本级财力（35.18）	转移支付（22.07）	经济发展水平（19.78）	居民需求（16.98）	省本级财力（5.99）
2009	县本级财力（35.14）	转移支付（22.17）	经济发展水平（18.99）	居民需求（17.55）	省本级财力（6.15）
2010	县本级财力（35.01）	转移支付（21.84）	经济发展水平（17.96）	居民需求（17.66）	省本级财力（7.53）
2011	县本级财力（34.78）	转移支付（23.67）	居民需求（18.06）	经济发展水平（16.98）	省本级财力（6.51）
2012	县本级财力（35.23）	转移支付（26.83）	居民需求（21.79）	经济发展水平（9.35）	省本级财力（4.57）
2013	县本级财力（35.48）	转移支付（28.52）	居民需求（23.51）	经济发展水平（6.36）	省本级财力（3.89）
2014	县本级财力（35.60）	转移支付（30.19）	居民需求（25.24）	经济发展水平（3.39）	省本级财力（2.75）
2015	县本级财力（35.73）	转移支付（31.88）	居民需求（26.12）	经济发展水平（3.23）	省本级财力（2.30）
2016	县本级财力（35.89）	转移支付（32.15）	居民需求（27.86）	经济发展水平（2.57）	省本级财力（1.97）

注：括号内为相应影响因素对地区间义务教育公共服务非均等的贡献程度。

三、研究结论

本部分运用夏普里值分解方法（Shorrocks，1999；Wan，2004）分解义务教育差距，即基于 Heckman 两步法建立一个选择方程，然后回归得到义务教育公共服务决定方程的各项系数。根据相应的回归显著性，我们确定了五个显著影响地区义务教育公共服务水平的因素，分别是经济发展水平、县级财力水平、省本级财力水平、转移支付水平和需求。具体发现，从2004～2016年，地区经济发展水平、县级财力水平和转移支付是影响义务教育公共服务非均等的主要因素；从动态变化的角度来看，经济发展水平对地区间义务教育公共服务非均等的贡献排序从2004年的第一位下降至2016年的第四位，县级财力水平从2004年的第二位到2006年上升至第一位并保持到2016年，省本级财力对义务教育非均等的贡献排序从第三位逐步下降至2016年的第五位，转移支付对义务教育非均等的贡献排序从第四位稳步上升至2016年的第二位。这表明，就目前来看，县级财力水平和转移支付是义务教育非均等的两个最主要原因。

第二节　城乡义务教育服务非均等影响因素分析：基于省级面板数据模型

一、模型设定

为进一步探讨影响地区间城乡义务教育公共服务水平差异的因素，本书接下来构建了城乡义务教育均等化的省级面板数据模型，模型如下：

$$cei_{it} = \alpha_0 + \beta_1 fd_{it}^{c} + \beta_2 fd_{it}^{p} + \beta_3 con_{it} + \beta_4 pgdp_{it} + \beta_5 pop_{it} + \delta_i + \upsilon_t + \omega_{it}$$

上式中，cei_{it}表示城乡义务教育非均等程度，fd_{it}^{c}表示地方本级（地市县）分配的财力比重，fd_{it}^{p}表示省本级分配的财力比重，con_{it}表示城乡居民消费的不平等，$pgdp_{it}$表示人均实际GDP，pop_{it}表示人口数量。所有数据均来自《中国统计年鉴》《中国教育经费统计年鉴》《中国财政年鉴》《中国地市县财政统计资料》《中国科技统计年鉴》《中国检察年鉴》，所有货币单位表示的指标均以1992年的价格指数为基期进行价格平减。由于西藏和重庆数据的独特性，分别采取删除和并入四川两种方式处理，时间区间为2004～2016年。

二、回归结果

表4-2显示的是城乡义务教育基本公共服务不均等影响因素的实证回归结果，模型一给出仅包括地方本级（地市县）分配的财力比重、省本级分配的财力比重和城乡居民消费不平等的影响系数，在模型二中逐步加入了人均实际GDP和人口数量。

表4-2　　回归结果

解释变量	模型一	模型二
地方本级（地市县）分配的财力比重	-0.0535** (0.00354)	-0.0674*** (0.00485)
省本级分配的财力比重	0.0345** (0.0034)	0.0087 (0.019)
城乡居民消费的不平等	-0.09*** (0.078)	-0.034 (0.056)
人均实际GDP		0.096** (0.0568)
人口数量		-0.055 (0.049)
常数项	1.495*** (0.097)	0.67 (0.67)
拟合优度	0.676	0.703

注：括号内为标准误，** 和 *** 表示在5%和1%水平上统计显著。

从表4-2的模型一回归结果来看，地方本级（地市县）分配的财力比重每提高1%时，城乡义务教育公平指数会降低0.0535%，当控制了经济发展水平和人口规模时，结论没有发生较大变化。正如田志磊、袁连生和张雪（2011）所指出的，省级政府有权决定本省内（省、地和县）各级政府的财政关系，地市级政府有权决定本市内（地市和县）各级政府间的财政关系。在省级政府提取了自己的财政份额后，地市级政府提取的越多，则县级政府保留的财政份额就越少。地市级政府掌握的财政资源越多，由市区级政府负责的城市义务教育就越可能得到更好的发展。而作为农村义务教育责任的主要承担者，县级政府的财政份额越少，就越难提供与城市相媲美的义务教育服务，从而拉大了城乡义务教育差异。省本级财政支出比重对城乡义务教育均衡水平的影响不明确。当没有控制经济发展水平和人口规模时，城乡人均消费支出比每上升 1%，城乡义务教育基本公共服务均等化程度会下降 0.09%，且在 1% 水平上显著，这表明，城乡居民消费需求的差异同样会导致城乡义务教育公共服务均等化水平的下降，这主要在需求层面产生影响。经济越发达的地区，地方政府的财力越雄厚，就越能推动辖区内义务教育公共服务的均等化。当人均实际 GDP 每提高 1% 时，城乡义务教育基本公共服务均等化程度就提高 0.096%；但是对于人口规模而言，当人口总量每上升 1% 时，城乡义务教育基本公共服务均等化程度会下降 0.055%，这表明，对于类似河南、山东和四川等这样的人口规模大省而言，推动义务教育均衡发展的难度更大。

接下来运用 Field 基于回归的分解方法来对城乡义务教育基本公共服务非均等（采用变异系数法）进行分解。如表 4－3 所示，我们发现，27 个地区城乡义务教育均等化的变异系数为 0.0986，省以下地方政府财力比重、人口规模、经济发展水平、城乡消费水平差异对城乡义务教育公共服务差异的总体贡献度为 73.23%，省以下地方政府财力比重的贡献程度最大，为 39.96%。这表明，省内财政分权是导致城乡义务教育公共服务非均等的最主要因素。

表 4－3　城乡义务教育非均等程度回归分解结果

影响因素	CV	贡献度（%）
省以下地方政府财力比重	0.0394	39.96
人口规模	0.0210	21.3
经济发展水平	0.0042	4.26

续表

影响因素	CV	贡献度（%）
城乡消费水平差异	0.0076	7.71
残差	0.0264	26.77
合计	0.0986	100

三、研究结论

本部分通过构建城乡义务教育均等化的省级面板数据模型，考察城乡义务教育非均等的影响因素。我们发现，地方本级（地市县）分配的财力比重每提高1%时，城乡义务教育公平指数会降低0.0535%，当控制了经济发展水平和人口规模时，结论没有发生较大变化；省本级财政支出比重对城乡义务教育均衡水平的影响不明确；经济越发达的地区，地方政府的财力越雄厚，就越能推动辖区内的义务教育公共服务的均等化，省内财政分权是导致城乡义务教育公共服务非均等的最主要因素。

第三节　义务教育质量（结果）均等化的影响因素分析：来自 CFPS 数据的经验证据

一、研究思路

义务教育质量均衡主要是适龄儿童、少年，不区分性别、民族、种族、家庭财产状况、宗教信仰等，都能够在品德、智力、体制等方面得到全面发展，都能够从义务教育的发展中获得大致相当的受益。尽管从法律角度对义务教育质量进行了大致的界定，但是从研究和政策制定的角度来看，人们对义务教育质量及其均衡标准的判断众说纷纭。近年来，我国在义务教育质量评价和监测方面也开始进行尝试，如上海市首推“绿色指标”综合评价义务教育质量。从研究的角度来看，教育质量的度量分类上达成了一致，主要包括教育资源投入和教育产出两大类（Caselli，2005）。教育资源投入指标通常包括师资力量（如教师的受教育程度）、教育经费投入（如生均教育经费等）、师生比率，等等；教育产出指标则主要用标准化考试成绩度量（张海峰等，2010）。而后者由于其得天独厚的可度量优势，成为大部分主流研究的变量（Steven G. Rivkin，Eric A. Hanushek and John，2005）。根据数据的可得性和可度量性，本书沿用国内外主流研究的标准，使用标准化或统一考试成绩作为评价学生和学校教育质量的主要标准。

本节数据主要来自“中国家庭动态跟踪调查”（CFPS），CFPS 是北京大学中国社会科学调查中心整合北京大学社会科学各院系的学术力量设计并组织实施的一项重大社会科学实证研究项目。旨在通过跟踪搜集个体、家庭、社区三个层次的数据，反映中国社会、经济、人口、教育和居民生活质量的变迁，为学术研究和政府决策提供第一手的实证数据。相比较其他微观数据，该数据库的一个优势在于提供了区县数据库信息，主要包括：区县的顺序码、GDP、人均 GDP、人口数、就业率、平均受教育年限、劳动年龄人口比例、老年人口比例、10～19 岁人口性别比例、非农业户口人口比率。县级层面数据能够很好地与辖区个体数据进行有效的匹配。此外，地区层面不足的数据来自《中国城市统计年鉴》，该年鉴提供了辖区经济发展水平、学校数量、学生数、教师数、图书馆数、图书册数等数据。

本书所分析的教育质量均衡发展影响因素，包括学生家庭（含个体）层面和县级层面两个维度，两个层面的因素及其对教育质量的影响完全符合多层线性数据结构的特性以及适用于多层线性回归模型。本书使用多层线性回归模型作为主要的分析工具，其目的在于：一是分析学生家庭（含个体）层面和地区层面的因素分别能够在多大程度上解释教育质量的差异，以及影响方向和程度如何；二是挖掘学生家庭（含个体）层面与地区层面的交互效应，及其对学生成绩的影响，也就是说，要探讨地区特征对于学生个体因素成绩效应具体影响的过程，以此更全面地解释为什么同一地区内的学生教育质量的差异如此之大，而这种差异绝不仅仅由学生个体因素所能够完全解释；诸如类似的问题都有待进一步的分析。

根据前文描述性分析的初步判断，我们对影响教育质量的两类因素分别进行了归类，一方面来消除可能存在的多层共性问题，如父亲的教育背景和母亲的教育背景取其一即可；二是将一些不显著的影响因素剔除，以此保障本书分析的稳健性。

二、模型设定

本书首先使用HLM的零模型来判断两个层面因素分别对教育质量的影响及差异的贡献，以此来决定是否有必要将两个层面的因素纳入完整的模型中做进一步的分析。零模型具体如下：

第一层：$Y_{ij} = \beta_{oj} + r_{ij}$，其中 $Var(r_i) = \sigma^2$；

第二层：$\beta_{0j} = r_{00} + \mu_{oj}$，其中 $Var(\mu_{0j}) = \tau_{00}$。

其中，β_{0j}为第一层截距，r_{ij}为随机效应，r_{00}为第一层截距在第二层的固定效应，μ_{0j}为第二层随机效应。要确定Y的总体变异中有多大比例是由第二层的差异造成的，就需要计算一个跨级相关ICC（Intra - Class Correlation）。若ICC值太小，表明样本之间差异不显著，判别的标准ICC大于0.1才适合进行第二层分析。①

$$\rho = \frac{\tau_{00}}{(\tau_{00} + \sigma^2)}$$

通过方差分解发现，第一层面和第二层面的因素均能够在较大程度上解释教育质量的差异。接下来，我们将探讨地区经济社会因素对义务教育质量的影响机制与路径：一是对平均成绩的直接影响作用；二是对家庭（含个体）因素影响成绩的结构性调整作用。相应地，在零模型的基础上加入自变量来构成完整的两层线性回归模型。

① Mithas S, et al. Designing websites for customer loyalty across business domains: A multilevel analysis. *Journal of Management Infornation Systems*, 2007, 23 (3): 97 - 127.

三、回归结果（见表4-4）

表4-4　　学校因素和家庭因素对教育质量影响的实证分析结果

	语文成绩	数学成绩
固定效应（自变量）	回归系数	回归系数
平均成绩		
截距	53.9* (2.97)	45.64* (1.86)
地区财力（人均财政收入）	6.054* (1.739)	6.58* (1.96)
辖区人均图书数（辖区图书册数/西区人口）	-0.051 (-0.78)	-0.045 (-1.394)
辖区师生比（小学教师数/小学学生数）	3.67* (2.78)	8.55 (0.496)
学校规模（辖区小学生数/学校数）	0.0054 (2.87)	0.068* (1.88)
性别（0=男生；1=女生）		
截距	3.22** (2.33)	3.14* (1.98)
地区财力	-1.45** (2.45)	-2.679*** (4.5)
辖区人均图书数	-0.068 (1.1)	-0.056 (1.05)
辖区师生比	-1.23** (2.55)	-5.38* (1.95)
学校规模	-0.0029 (0.56)	-0.0018* (2.03)

续表

	语文成绩	数学成绩
固定效应（自变量）	回归系数	回归系数
母亲教育（1＝小学及以上；2＝初中；3＝高中；4＝大专及以上）		
截距	3.92*** (3.22)	0.099** (2.56)
辖区人均图书数	0.03 (0.44)	－0.03 (0.66)
辖区师生比	－3.645** (4.55)	3.39* (1.88)
学校规模	－2.2*** (3.22)	1.57* (1.78)
父亲职业（1～6分别表示从脑力到体力）		
截距	－0.67* (2.22)	－1.92** (2.44)
地区财力	5.33* (4.5)	6.61 (0.7)
学校规模	4.58* (2.56)	8.39* (1.99)
家庭收入（收入逐步增加）		
截距	3.26* (1.88)	1.88 (1.99)
地区财力	－1.66* (2.14)	－5.34** (2.47)
辖区人均图书数	－0.05 (0.06)	0.026 (0.44)
辖区师生比	6.06 (0.6)	－4.77* (1.89)
学校规模	－0.36** (2.6)	－0.7* (1.99)

注：*、**、***分别代表在10%、5%和1%置信水平上显著。

1. 地区层面经济社会因素对教育质量的影响

总体上来看，生均公用经费与学生的语文成绩和数学成绩均呈显著的负相关，生均公用经费每提高100元，样本地四年级学生的语文成绩和数学成绩可能会分别上升0.06分和0.065分，这一点与薛海平、王蓉（2010）的研究结论一致。地区财力为教育质量提供了重要保障。通过进一步的分析发现，学校规模与学生语文成绩呈正相关，但不显著，与学生数学成绩呈显著的正相关，当学校规模每增加100人时，学生语文成绩和数学成绩可能分别提高0.5分和0.7分。这样学校不仅能够将规模经济节约的资源，用于提高教师的待遇，吸引更优秀的教师和不断升级的教育基础设施，为学生打造较为适合的环境，更为关键的是，适度规模或者一定规模的学校才能在课程多样性上形成规模经济。此外，本书的分析还发现，以人均图书册数来衡量的教学设施与学生成绩呈负相关，但不显著，这同样可能与学校规模有一定的关系。最后，我们还发现，总体上看，教师数量越多、质量越高对学生成绩的正面效应越大。

2. 学生家庭（含个体）因素对学生成绩的影响

表4－4所示的第一层面，自变量下的截距项回归系数就是学生家庭（含个体）因素对成绩的影响。总体上，学生家庭（含个体）因素对学生成绩的影响较为显著。具体说来，女生的语文成绩和数学成绩均显著高于男生，平均而言，男女生之间的语文和数学成绩差距在3.22分和3.14分左右。母亲的学历越高，其子女的语文和数学成绩可能越好，但是并不显著。那些从事脑力劳动工作的人群，其子女的学生成绩相对要高，这可能与脑力劳动人群本身的学历背景和知识结构有着密切的关系。从家庭收入来看，家庭经济条件越好的学生，其成绩也相对较高，这些学生本身的营养条件和学习资源更多且更好，因而具有“先天”的优势。学习态度会部分影响学生成绩，上课经常举手的学生，其语文成绩和数学成绩显著的高于不举手的学生。最后发现，有过幼儿园经历的学生，其成绩也相对较高。

3. 地区因素调整家庭因素对学生成绩的影响

尽管家庭因素和地区因素均能够分别的、独立的影响学生成绩，但是这种分野式的分析并不利于我们准确判断教育质量差异背后的因素。学校变量的影响，通常被看作是它们主要与家庭背景和地区作用变量的交互作用发生影响（Mayeske，1973）。换句话说，家庭个体因素对成绩的影响是如何随着地区因素的不同而发生变化的。这样的影响结果由本书模型中（见表4－4）镶嵌于第一层面自变量下的第二层面自变量的回归系数来显示。

在第一层面的性别变量项下，我们发现，地区财力、师生比和学校规模具有调节男女生成绩差异的积极作用，即生均财力、师生比例越高和学校规模越大，男女生成绩的差异可能越小。生均图书册数对性别的成绩差异调节作用不明显。这一点与弗格森和拉德（Ferguson and Ladd，1996）、桑德斯和里弗斯（Sandes and Rivers，1996）的观点类似，成绩比较低的学生更有可能从教师绩效提高中获益。

在第一层面的母亲教育背景变量项下，师生比具有降低母亲教育背景对学生成绩差异的作用，即师生比越高的地区，母亲对教育质量差异的解释可能越小。相比较而言，其他几类地区因素的影响较小且不显著。

在第一层面的父亲职业背景变量下，我们发现地区财力和学校规模具有调节因父亲职业背景所导致成绩差异的效应。在人均财力水平、学校平均规模越大的地区，父亲的职业背景对学生成绩差异的影响较小。

在第一层面的家庭收入变量下，我们发现，地区财力、学校规模、师生比具有缓解因学生家庭经济条件差而对成绩生产负面影响的作用。即地区财力比越高和学校规模越大的地区，家庭背景对学生成绩差异的影响越弱。

四、研究结论

通过上述分析，我们发现地区层面的经济社会发展因素（如经济发展水平、财力基础等）和家庭因素是影响义务教育基本公共服务结果公平的重要因素，而且如果公共干预因素得当，可以缓解家庭因素所产生的教育发展基础的不均等问题。

教育均衡的基础是投入的均衡，投入不均衡既会导致教育资源分配的不均衡，也会影响教育质量的不均衡（武向荣，2013）。世界银行在《21世纪中国教育战略目标》中指出，“中国大部分差距是由于教育财政体系的不平等造成的”，实现义务教育均衡，构建致力于实现均等目标的义务教育财政体系是当前亟待解决的问题。一是城乡经济社会发展的不平衡性，尤其体现在城乡二元经济结构上，由此所延伸必然体现在城乡教育基本公共服务的不均等。教育基本公共服务作为一项典型的公共品，其所赖以生存的财力基础几乎依靠于辖区财政经济能力。城市和农村地区在多个领域中存在的差异和差距以及较长历史阶段所形成的路径依赖决定了城乡之间在义务教育基本公共服务发展基础上还存在着不小差距，体现在城乡义务教育基本公共服务的不均等上。尽管从中央到地方为推动义务教育基本公共服务和教育内涵发展提出了较多的政策框架和路线图，但是还无法从根本上撬动赖以形成的城乡二元结构路径依赖。而且现有的以县为主的义务教育管理体制，在某种程度上尤其是在制度不健全的地方还有可能加剧义务教育发展的不均等，如果不改变城乡二元经济结构而单纯地走“脚痛医脚、头疼医头”的解困之路，城乡义务教育基本公共服务均等化路途将会极其遥远。此外，公共教育资源缺乏对家庭教育和社会教育的干预。近十年来，我国在各类教育尤其是基础教育领域的公平再造上投入了大量的资源，在实现入学机会均等、享受大致相当的公共教育资源上做出了巨大的努力。尽管如此，基础教育领域的不公平问题依然为社会公众所“诟病”，原因就在于忽视了家庭因素的作用，没有很好的与家庭这一单位构建一种稳定的合作补偿机制和风险共担机制。美国著名的教育社会学家科尔曼明确指出，任何家庭以外建立起来的正规的社会保护制度都不能取代家庭的功能和责任，在教育领域依然如此。

第五章
义务教育服务均等化的国际经验借鉴

义务教育服务均等化是基本公共服务均等化的重要内容，是实现社会公平的重要途径。由于国家政治制度、经济发展水平和社会文化传统的不同，世界各国促进义务教育服务均等化的措施也存在较大差异。本章将选取具有代表性的发达国家和发展中国家来分析各国促进义务教育服务均等化的措施，并在此基础上总结各国促进义务教育服务均等化的共同经验，以便为我国推进义务教育服务均等化提供富有实用价值的建议。

第一节　发达国家促进义务教育服务均等化的实践

发达国家在促进义务教育服务均等化方面起步较早，也积累了十分丰富的实践经验。本节选取教育体制具有明显分权特征的美国、具有明显中央集权特征的法国以及我们的亚洲邻国日本作为发达国家的代表，分析它们促进义务教育服务均等化的实践，以期找到可以借鉴的经验。

一、美国促进义务教育服务均等化的实践

美国义务教育服务存在资源配置不均等的现象，东部地区的义务教育资源明显优于西部地区，北部地区的义务教育资源明显优于南部地区，财产值较高的学区的义务教育资源明显优于财产值较低的学区，白人聚居地区的义务教育资源明显优于黑人聚居地区。为促进义务教育服务的均衡发展，美国采取了许多行之有效的措施。

（一）不断完善促进义务教育服务均等化的法律体系

保护公民受教育权的首要途径是让公民平等地享受义务教育服务。为保证公民都能够享受义务教育基本公共服务，美国制定了完善的法律体系保证义务教育服务均等化的推进。美国最早的教育法规可以追溯到1674年实施的《老魔

鬼撒旦法》（The Old Deluder Satan Law）。《老魔鬼撒旦法》规定：凡是具有 50 户以上居民的城镇就应该建立一所小学，安排一名教师，教授所有儿童读书习字；凡是具有 100 户以上居民的城镇就应该建立一所拉丁文法学校，为保证法律的顺利实施，还规定违反此法律的人需要缴纳 5 英镑的罚款。1958 年 9 月，美国国会通过了具有重大战略意义的《国防教育法》（National Defense Education Act）。《国防教育法》规定，“国家安全需要充分开发全国青年的智力资源和技术能力，要求政府提供更多的教育机会，国防需要根据自然科学原理发展而来的现代科技”“政府必须去发现和教育更多的人才，保证所有学生不会因为经济条件的制约而失去受教育的机会，并尽可能迅速纠正现有教育方案中的不平等状况”“各级政府必须承担资助公共教育的责任，州和地方学区必须控制公立教育，并承担公立教育的执行责任，联邦政府需要对有利于国防的教育方案给予财政援助”。《国防教育法》是美国第一次以法律形式明确规定联邦政府对公共教育的责任，增加了教育经费的投入，也促进了教育质量的提高。1964 年，美国国会通过了《民权法》（Civil Rights Act）和《经济机会法》（Economic Opportunity Act），《民权法》明确保护黑人的受教育权，《经济机会法》提出对来自低收入家庭的学生提供工读计划补贴。1965 年，美国国会通过了《初中等教育法》（Elementary And Secondary Education Act），旨在帮助社会处境不利的儿童能够平等地享受义务教育服务，提出为来自低收入家庭的中小学生提供补贴，并为学校图书馆资源和其他教学资源提供补助。《初中等教育法》明确规定了联邦资助义务教育的原则和方向，即特别关注收入较低家庭和社会处境不利儿童的教育问题。1968 年，美国国会通过了《初中等教育援助计划扩展法》，规定联邦政府为各州和地方学区提供教育规划。1975 年，美国国会通过了《所有残疾儿童教育法》（Education for All Handicapped Children Act），旨在保护残疾儿童的受教育权。2002 年，国会通过了《不让一个孩子掉队》（No Child Left Behind，NCLB）法案，明确规定州政府应该采取切实有效的措施缩小甚至消除处境不利学生的成绩差距，激励学生每年都能够取得明显进步。为实现这一目标，联邦政府要求各州政府建立奖励和惩罚制度，明确地方学区提高教学质量和学生成绩的责任。州政府每年对所有三年级到八年级的学生进行数学和阅读统考，地方学区负责对所有学校的考试成绩提出分析报告，如果一所学校的教学成绩连续两年被认定为不及格，学生可以自由转学；如果一所学校的教学质量连续三年未见明显提高，学校需要支付学生的学习费用；如果一所学校连续六年不能提高教学成绩，学区会重新调整学校的教师，所有学校必须在2014年以前使所有学生的数学能力和阅读能力达标。美国健全完善的法律体系缩小了义务教育服务在不同地区和不同人群之间的差距，保证了弱势群体也能够平等地享受义务教育服务。

（二）保证义务教育服务充足和持续的财政投入

为分析美国对义务教育服务的财政投入情况，本书根据经济合作与发展组织（OECD）2010～2018年教育资料详细统计了美国近几年的教育数据，由于各州法律不同，美国义务教育年限为9～12年不等。

如表5－1所示，美国1995～2015年小学（primary education）、初中（lower secondary education）、高中（upper secondary education）教育支出占GDP的比重呈上升趋势，2007～2010年的比重都超过了4.0%。2011年出现小幅度下降，之后趋于平稳。

表5－1　美国1995～2015年初等与中等教育支出占GDP的比重　单位：%

年份	小学和初中	高中	合计
1995			3.8
2000			3.9
2005			3.7
2007	3.0	1.1	4.0
2008	3.0	1.1	4.1
2009	3.2	1.1	4.3
2010	3.0	1.1	4.0
2011	2.7	1.0	3.7
2012	2.7	1.0	3.6
2013	2.5	1.0	3.5
2014	2.5	1.0	3.5
2015	2.5	1.0	3.4

资料来源：根据Education at a Glance 2010/2011/2012/2013/2014/2015/2016/2017/2018：OECD Indicators整理。

如表5－2所示，美国2007～2015年初等教育（primary education）、中等教育（secondary education）和其他非高等教育（post-secondary non-tertiary education）支出在公共支出中的比重逐年下降，2007年最高为9.9%，2012年和2013年最低为8.1%。公共教育（包括学前教育和高等教育）支出在公共支出中的比重也呈逐年下降趋势，2007年最高为14.1%，2012年最低为11.6%。

表5－2　　美国2007～2015年用于教育的公共教育支出占公共支出的比重

单位：%

年份	初等、中等和其他非高等教育支出占公共支出比重	公共教育支出占公共支出的比重
2007	9.9	14.1
2008	9.7	13.8
2009	9.3	13.1
2010	8.6	12.7
2011	9.2	13.6
2012	8.1	11.6
2013	8.1	12.2
2014	8.3	11.8
2015	8.4	11.9

资料来源：根据Education at a Glance 2010/2011/2012/2013/2014/2015/2016/2017/2018：OECD Indicators整理。

如表5－3所示，美国2007～2015年初等教育（primary education）生均支出占人均GDP的比重都超过了20%，中等教育（secondary education）生均支出占人均GDP的比重维持在25%左右。

表5－3　　美国2007～2015年初等与中等教育生均支出占人均GDP的比重

单位：%

年份	初等教育	中等教育		
		初中	高中	全部
2007	22	23	25	24

续表

年份	初等教育	中等教育		
		初中	高中	全部
2008	21	25	27	26
2009	25	27	29	28
2010	24	26	28	27
2011	22	25	27	26
2012	22	24	26	25
2013	21	23	26	25
2015	21	22	24	23

资料来源：根据 Education at a Glance 2010/2011/2012/2013/2014/2015/2016/2017/2018：OECD Indicators 整理。

如表 5－4 所示，美国 2007～2015 年初等教育（primary education）生均支出都在 10 000 美元左右，中等教育（secondary education）生均支出在 12 500 美元左右。

表 5－4　　美国 2007～2015 年初等与中等教育生均支出情况　　单位：美元

年份	初等教育	中等教育		
		初中	高中	全部
2007	10 229	10 862	11 788	11 301
2008	9 982	11 551	12 690	12 097
2009	11 109	12 247	12 873	12 550
2010	11 193	11 920	13 045	12 464
2011	10 958	12 338	13 143	12 731
2012	11 030	11 856	13 059	12 442
2013	10 959	11 947	13 587	12 740
2014	11 319	12 261	13 726	12 995
2015	11 727	12 693	13 474	13 084

资料来源：根据 Education at a Glance 2010/2011/2012/2013/2014/2015/2016/2017/2018：OECD Indicators 整理。

从数据统计中可以看出，尽管美国教育服务水平已经很高，但是仍然保证对义务教育服务充足和持续的财政投入，并在投入结构中向初等教育和中等教育倾斜。

（三）清晰划分联邦、州和地方学区义务教育服务均等化的职责

美国的教育管理体制分为联邦、州和地方学区三级，联邦、州和地方学区在事权和财权划分方面具有明确的职责与分工。综合美国义务教育服务体系来看，州政府在义务教育服务的供给方面发挥主导作用，而地方学区则是负责具体提供义务教育服务的执行者。

联邦政府虽然没有直接权力为全体公民提供义务教育服务，但在促进义务教育服务均等化方面也发挥着重要作用，联邦政府主要负责教育事务的宏观指导，可以概括为三个方面：第一，支持州和地方学区充分发展教育，保证义务教育服务经费的支出；第二，保护本国公民平等享有受教育的权利，使不同种族、不同肤色、不同宗教的儿童都享有受教育的机会；第三，制定义务教育服务的总体政策，实施年终教育审核和信息沟通，促进义务教育服务质量的提高。由于各州财政能力不同，教育投入也各不相同，联邦政府必须承担缩小各州教育服务经费支出差距的责任，促进各州教育资源的公平分配。

提供教育服务是州政府的法定责任，除联邦政府负责的事项外，全部教育权力都掌握在州政府手中。州政府负责制定本州公立学校教育大纲和管理质量标准，并按照标准评价学校的管理和教学，同时要负责筹措教育经费。虽然各州教育财政制度存在差异，但各州教育财政政策的制定依据相同的理论基础，从而保证教育财政政策具有基本相同的发展趋势。州政府有责任为学生提供公平有效的教育财政制度，并可以使用有效措施缩小地方学区之间的经费差距。

地方学区是为教育工作划分的特别专区，实行独立管理，无城市和农村之分。地方学区作为最基层的教育行政单位，对义务教育服务均等化影响很大，地方学区政策的制定权力属于学区教育董事会，学区教育董事会的成员从当地居民代表中选出，负责反映纳税人的意见。地方学区注重不同行政区之间人力、物力和财力的整合，促进义务教育服务正外部性的发挥，保证义务教育服务的良好供给。地方学区可以预先制定本学区的教育经费基准，然后根据全州统一的合作比率确定本学区教育经费的构成，即有多少经费源于自筹，有多少经费

源于州政府的补助。地方学区还负有搜集教育财政信息并公之于众的责任，方便民众随时查阅教育财政信息、监督教育财政资金流向。地方学区财政预算需要预算听证会和立法听证会的通过，以充分听取民众的诉求和意见。由于地方学区数量众多，大小不一，为在更大范围内实现义务教育资源的公平分配，美国推进学区合并，进行教育资源整合。

（四）建立规范有序的公共教育服务财政转移支付制度

地方学区自筹经费主要来自财产税，经济发展水平的不同导致地方学区的财产税基出现差异，为减小地方学区间的财政能力差异，美国在联邦、州和地方学区之间建立了规范有序的公共教育服务财政转移支付制度。联邦、州和地方学区都为公立学校提供教育经费。如表 5 – 5 所示，美国联邦政府的转移支付规模比较小，在政府间转移支付中的比重达不到 10%，且联邦政府的转移支付项目与政府的特殊目标有关，如与国家安全利益相结合；州政府的转移支付规模比较大，在政府间转移支付中的比重超过 35%，成为地方学区教育经费的主要分担者，从而有效缩小地方学区的财力差距；地方学区自行征收财产税，且无须通过国家统一的财政预算收入和支出。另外，联邦政府和州政府对地方学区财政转移支付的责任不同：联邦政府主要负责为处境不利的社会群体提供补助，且较多采用专项性的转移支付方式；州政府主要负责实现公共教育服务的横向均等和纵向均等，且较多采用一般性的转移支付方式。

表 5 – 5　美国 2008 ~ 2015 年公共教育资金在各级政府间的分配比重　单位：%

年份	转移支付前				转移支付后			
	中央	州	地方	合计	中央	州	地方	合计
2008	8.6	41.8	49.7	100	0.4	1.6	98	100
2009	10	38.7	51.3	100	0.4	1.6	98	100
2010	13.7	33.4	52.9	100	0.5	1.5	98	100
2011	13.7	35.0	51.3	100	0.5	1.6	97.9	100
2012	11.2	38.5	50.4	100	0.5	1.7	97.9	100
2013	10	39	50	100	0	2	98	100

续表

年份	转移支付前				转移支付后			
	中央	州	地方	合计	中央	州	地方	合计
2014	8	43	49	100	1	2	97	100
2015	10	41	49	100	1	2	97	100

资料来源：根据 Education at a Glance 2011/2012/2013/2014/2015/2016/2017/2018：OECD Indicators 整理。

美国各州的公共教育服务财政转移支付模式不完全相同，主要可以分为水平补助模式（Flat Grant Modal）、基本补助模式（Foundation Modal）、学区能力均等化模式（District Power Equalization Modal）和基本补助与学区能力均等化补助结合模式四种。水平补助模式是州政府按照地方学区的学生数量给予一次性生均教育经费补助，即不考虑地方学区的自身财力，州政府给予相同的生均教育经费补助。这一模式没有区别对待地方学区的财力，无助于缩小贫困学区与富裕学区之间的财力差距，因而不能成为财政转移支付的主要方式。基本补助模式是指在州政府规定地方学区生均教育经费支出定额标准的基础上，在确定生均补助金额时充分考虑地方学区的教育成本和贫富程度。基本补助模式的公式为：$G_i = B(1 + C_i) - V_i \times R_i$，其中 G_i 为地方学区 i 的生均补助金额，B 为州政府规定的生均教育经费支出定额标准，C_i 为地方学区 i 的教育成本指数，V_i 为地方学区 i 的生均财产税基，R_i 为地方学区 i 的基本财产税率。基本补助模式充分考虑了地方学区贫富程度对财政转移支付的影响，能够在一定程度上缩小地方学区的财力差距。因为这种模式的生均补助金额与地方学区的学生数量无关，所以州政府规定的生均教育支出定额标准只代表地方学区对生均教育支出的最低水平，富裕的地方学区不需或只需得到很少的补助便可达到州政府的定额标准，而贫困的地方学区虽自身财力无法达到定额标准，但在得到较多的州政府补助后，也能达到定额标准。学区能力均等化补助模式又称保证税基模式（GTB），这种补助模式旨在向每个地方学区提供相同的基础性的生均财产税基。学区能力均等化补助模式的公式为：$G_i = (V - V_i) \times R_i$，其中 G_i 为地方学区 i 的生均补助金额，V 为全州生均保证财产税基，V_i 为地方学区 i 的生均实际财产税基，R_i 为地方学区 i 的基本财产税率。① 这种补助模式不管学区间财力差距有多大，在财产税率相同的情况下，所有学区筹集的教育经费也相同，但这种模式会鼓励地方学区实行高税率。基本补助与学区能力均等化补助结合模式则融合了基本补助模式和学区能力均等化补助模式的优点，既能使地方学区都能达到州政府规定的生均教育经费支出的定额标准，又能充分平衡地方学区的财力。

（五）实行多种促进义务教育服务均等化的择校制度

美国发现建校时间较长、师资力量较强、条件相对较好、地理位置优越的公立学校缺少危机意识，发展过程中活力不足，缺乏创新精神，便在部分地区实行“自由择校”制度和“教育券”（school voucher）制度，以解决因贫富分化导致教育质量出现差异的问题。自由择校制度包括磁石学校（Magnet School）、家庭学校（Home School）、特许学校（Charter School）和控股公司学校（Holding Company School）等多种办学模式，给予学生更多自己选择学校的机会，以促进不同学校在竞争过程中实现均衡发展，减少公共教育的低效率。磁石学校具有“因材施教”的特色，根据儿童的兴趣爱好开设富有特色的课程，吸引不同地区、不同种族具有相同兴趣的学生前来就读，缓解了各大城市出现的“白人外流”现象。家庭学校是指适龄儿童在自家学习的一种学校模式，这种模式可以满足不同家庭、不同儿童的教育需求。特许学校是指州或地方学区将一些公立学校的主办权赋予社会团体、企业或个人，由他们进行开放招生，并开展各种各样的学校教育。控股公司学校是由公司创办的私立学校，由企业直接参与学校的建设和管理，其学费与公立学校的学费基本相近，这种学校主要针对想让子女得到更好的教育却又上不起贵族学校的学生家长。为推动教育的市场化倾向，美国还实行教育券制度，政府把补贴给学生的经费以“教育券”的形式发给学生家长，学生家长选择自己信任的学校并用教育券支付学生学费或支付学生参加教育项目的费用。教育券制度可以使条件较差学校的学生接受政府的教育券资助，选择去私立学校学习来改变自己的学习处境。教育券制度既能解决公立学校的教育僵化、效率低下问题，又把接受教育服务的选择权赋予学生，帮助来自低收入家庭的学生同等享受教育资源。

---

① 李祥云：《义务教育财政转移支付制度：日本与美国模式》，载于《教育与经济》2004 年第 2 期。

二、法国促进义务教育服务均等化的实践

与美国有所不同，法国实行中央集权的政治体制，教育财政体制也明显具有集权性的特征，促进义务教育服务均等化的实践倾向于关注弱势地区和弱势群体。

（一）不断增加义务教育服务的财政投入

如表 5－6 所示，法国 1995～2015 年小学（primary education）、初中（lower secondary education）、高中（upper secondary education）教育支出占 GDP 的比重都维持在 4.0% 左右。

表 5－6　法国 1995～2015 年初等与中等教育公共支出占 GDP 的比重　单位：%

年份	小学和初中	高中	合计
1995			4.5
2000			4.3
2005			4.0
2007	2.5	1.3	3.9
2008	2.5	1.4	3.9
2009	2.6	1.4	4.1
2010	2.6	1.4	4.1
2011	2.6	1.3	3.9
2012	2.5	1.3	3.8
2013	2.5	1.3	3.8
2014	2.5	1.3	3.8
2015	2.5	1.3	3.7

资料来源：根据 Education at a Glance 2010/2011/2012/2013/2014/2015/2016/2017/2018：OECD Indicators 整理。

如表 5－7 所示，法国 2007～2015 年初等教育（primary education）、中等教育（secondary education）和其他非高等教育（post－secondary non－tertiary education）支出在公共支出中的比重维持在 6.2%～7.1%。公共教育（包括学前教育和高等教育）支出在公共支出中的比重维持在 8.4%～10.7%。

表 5－7　　法国 2007～2015 年用于教育的公共教育支出占公共支出的比重

单位：%

年份	初等、中等和其他非高等教育支出占公共支出比重	公共教育支出占公共支出的比重
2007	7.1	10.7
2008	7.0	10.6
2009	6.8	10.4
2010	6.8	10.4
2011	6.6	10.2
2012	6.6	8.8
2013	6.2	8.4
2014	6.2	8.4
2015	6.2	8.4

资料来源：根据 Education at a Glance 2010/2011/2012/2013/2014/2015/2016/2017/2018：OECD Indicators 整理。

如表 5－8 所示，法国 2007～2015 年初等教育（primary education）生均支出占人均 GDP 的比重比较稳定，中等教育（secondary education）生均支出占人均 GDP 的比重维持在 30% 左右。

表 5－8　　法国 2007～2015 年初等与中等教育生均支出占人均 GDP 的比重

单位：%

年份	初等教育	中等教育		
		初中	高中	全部
2007	19	26	34	29
2008	18	26	35	30

续表

年份	初等教育	中等教育		
		初中	高中	全部
2009	19	27	38	32
2010	19	27	37	32
2011	19	27	36	31
2012	19	26	35	30
2013	18	25	35	29
2015	18	25	34	30

资料来源：根据 Education at a Glance 2010/2011/2012/2013/2014/2015/2016/2017/2018：OECD Indicators 整理。

如表 5－9 所示，法国 2007～2015 年初等教育（primary education）生均支出与美国相比较低，不到 7 500 美元；中等教育（secondary education）生均教育支出不到 12 000 美元。

表 5－9　　法国 2007～2015 年初等与中等教育生均支出情况　　单位：美元

年份	初等教育	中等教育		
		初中	高中	全部
2007	6 044	8 339	11 082	9 532
2008	6 267	8 816	12 087	10 231
2009	6 373	9 111	12 809	10 696
2010	6 622	9 399	12 874	10 877
2011	6 917	9 668	13 071	11 109
2012	7 013	9 588	13 070	11 046
2013	7 201	9 947	13 643	11 482
2014	7 396	10 309	13 927	11 815
2015	7 395	10 268	13 799	11 747

资料来源：根据 Education at a Glance 2010/2011/2012/2013/2014/2015/2016/2017/2018：OECD Indicators 整理。

总的来看，法国初等与中等教育支出占 GDP 的比重与美国相近，但生均支出要明显小于美国。

（二）实行中央投入为主、地方适当分担的教育财政体制

法国义务教育服务财政支出主要由中央政府承担，而地方政府只负责学校建设和维护经费，逐渐形成了“中央投入为主、地方适当分担”的教育财政体制。中央政府负责全部教师工资、部分乡镇学校基建经费、教学改革费用和60%的学生交通补助费用，省级政府负责初中学校的新建扩建费用、初中学校的设备费用和日常经费以及40%的学生交通补助，市镇政府负责小学的新建扩建费用、小学的设备费用和日常经费以及学生的午餐补助。如表5－10所示，财政转移支付前后，中央、省、市镇之间的资金分配情况变化不大，中央政府比重接近70%，省级政府比重接近20%，市镇政府比重略大于10%。

表5－10　　法国2008～2015年公共教育资金在各级政府间的分配情况

年份	转移支付前				转移支付后			
	中央	省	市镇	合计	中央	省	市镇	合计
2008	69.1	17.8	13.1	100	68.9	18	13.0	100
2009	69.2	19.0	11.9	100	69.0	19.0	12.0	100
2010	69.4	18.3	12.3	100	69.3	18.3	12.4	100
2011	69.8	17.7	12.5	100	69.7	17.6	12.7	100
2012	70.4	16.9	12.7	100	70.2	16.9	12.9	100
2013	72	17	12	100	71	17	12	100
2014	72	16	11	100	72	17	12	100
2015	73	16	11	100	72	16	12	100

资料来源：根据 Education at a Glance 2011/2012/2013/2014/2015/2016/2017/2018：OECD Indicators 整理。

“中央投入为主”集中表现在教师工资和福利费全部由中央政府承担，教师工资和福利费占据了教育支出的大部分，且法国将中小学教师改为公务员，教育部负责统一管理教师的聘用、分配以及划分教师工资等级。教育部根据每个

学校上报的适龄儿童数量和义务教育状况决定安排教师的数量，并把教师工资和福利费统一纳入中央政府年度教育预算，每月将教师工资和福利费发放到个人账户。“地方适当分担”主要表现为地方政府只承担学校建设费用和行政经费。省级政府和市镇政府有权增加或减少学校数量，但学校的数量必须足以保证所有适龄儿童都能接受义务教育服务。“中央投入为主、地方适当分担”的教育财政体制使得中小学教师的工资和福利费得到中央政府强有力的财政保障，也大大减少了地方政府的教育财政支出压力。

（三）注重扶持弱势地区与弱势群体的财政政策

法国为弱势地区与弱势群体制定了特殊的财政扶持政策，在农村地区大力推行集中办学政策，在偏远地区设立单班小学，在城市经济发展欠发达地区广泛建立“优先教育区”①，这些措施对解决义务教育服务区域不均等问题发挥了重要作用。另外，法国为保证每个学生都能享受最低水平的义务教育服务，对弱势群体采取了特别措施，这些措施主要通过对义务教育学生给予补贴的方式实现，具体包括国家助学金制度、开学补贴制度、上学交通补贴制度和午餐补贴制度等。

三、日本促进义务教育服务均等化的实践

日本在战后发展迅速的最主要原因是政府注重发展教育，注重开发人力资源，其教育发达程度已处于世界领先地位，促进义务教育服务均等的措施也具有自己鲜明的特点。

（一）保持稳定的教育财政投入

日本实施9年义务教育，如表5－11所示，日本1995～2015年小学（primary education）、初中（lower secondary education）、高中（upper secondary education）教育支出占GDP的比重稳定在3%左右。

① 王莹：《基础教育服务均等化：基于财政公平视角的分析》，载于《财政研究》2006年第12期。

表5－11　日本1995～2015年初等与中等教育公共支出占GDP的比重　单位：%

年份	小学和初中	高中	合计
1995			3.1
2000			3.0
2005			2.9
2007	2.0	0.8	2.8
2008	2.0	0.8	2.8
2009	2.1	0.9	3.0
2010	2.1	0.8	3.0
2011	2.1	0.9	2.9
2012	2.9	0.9	2.9
2013	2.1	0.8	2.9
2014	2.1	0.8	3.0
2015	1.9	0.8	2.7

资料来源：根据Education at a Glance 2010/2011/2012/2013/2014/2015/2016/2017/2018：OECD Indicators整理。

如表5－12所示，日本2007～2015年初等教育（primary education）生均支出占人均GDP的比重都超过20%，中等教育（secondary education）生均支出占人均GDP的比重超过25%。

表5－12　日本2007～2015年初等与中等教育生均支出占人均GDP的比重　单位：%

年份	初等教育	中等教育		
		初中	高中	全部
2007	22	25	27	26
2008	22	25	28	27
2009	24	28	29	29
2010	24	28	29	28

续表

年份	初等教育	中等教育		
		初中	高中	全部
2011	24	28	29	28
2012	24	28	29	28
2013	24	28	29	28
2015	22	26	29	27

资料来源：根据 Education at a Glance 2010/2011/2012/2013/2014/2015/2016/2017/2018：OECD Indicators 整理。

如表 5－13 所示，日本 2007～2015 年初等教育（primary education）生均支出和中等教育（secondary education）生均教育支出都不断增加。

表 5－13　　日本 2007～2015 年初等与中等教育生均支出情况　　单位：美元

年份	初等教育	中等教育		
		初中	高中	全部
2007	7 247	8 346	9 159	8 760
2008	7 491	8 621	9 559	9 092
2009	7 729	8 985	9 527	9 256
2010	8 353	9 847	10 064	9 957
2011	8 280	9 677	10 093	9 886
2012	8 595	9 976	10 360	10 170
2013	8 748	10 084	10 459	10 273
2014	9 062	10 422	11 047	10 739
2015	9 105	10 562	11 715	11 147

资料来源：根据 Education at a Glance 2010/2011/2012/2013/2014/2015/2016/2017/2018：OECD Indicators 整理。

总的来看，日本教育支出占 GDP 的比重比较稳定，生均教育支出占人均 GDP 的比重与美国相近，但生均教育支出绝对额要明显小于美国。

（二）形成完善坚实的法律保障

日本以完备的法律闻名于世，教育法也不例外。日本早在明治维新时期便针对教育投资制定了法律①，从经济上保障教育服务的顺利运行。1886 年颁布《小学法令》，正式确立了义务教育制度，明确规定义务教育年限为四年。随着社会的不断发展，义务教育年限也不断延长，直至最后发展为九年。1896 年颁布《小学教师工资国库补助法》，1918 年颁布《市町村义务教育经费国库负担法》。“二战”后，日本政府开始关注义务教育服务不均等问题，颁布了《义务教育法》，从此对学龄儿童免费提供义务教育服务。1952 年颁布了《义务教育经费国库负担法》，明确规定中央政府承担义务教育服务费用的二分之一。1954 年颁布《偏僻地区教育振兴法》，旨在强化中央政府对教育经费的支出责任，提高偏远地区的教育水平。1985 年，修订《偏僻地区教育振兴法》，详细规定振兴偏僻地方教育所必须实施的各种措施。从分类的角度看，日本在教育行政方面颁布了《学校教育法》《教育委员会法》《教职员许可法》《国立学校设置法》《私立学校设置法》《社会教育法》等；日本在教育财政方面颁布了《地方财政法》《义务教育费国库负担法》等。正是这些完善的法律为日本义务教育服务均等化提供了坚实的保障。

（三）建立规范化的教师管理制度

日本主要由都道府县负责教师资源管理，都道府县以公务员的编制管理教师队伍，并实行统一的教师标准工资制度，为了平衡农村与城市的教师资源配置，鼓励更多教师去农村工作，都道府县对农村教师发放额外的教育津贴。日本的《教职员法》明确规定，各级教育委员会必须向本区的教师提供进修的机会，给予教师专业化的培训，不断提高教师的教学技能，教师必须参加统一培训，且要通过培训考核。培训提高了日本教师的职业素质和专业化水平，从而缩小了校际教师资源的差异。

日本的教师流动制度为促进义务教育服务均等化做出了重要贡献。为确保教师资源的均衡配置，日本“二战”后便在公立中小学实行教师流动制度，当

---

① 梁建华：《国外义务教育财政保障的经验及其对我国的启示》，载于《教育探索》2010 年第 7 期。

时中小学教师的人事管理权限掌握在市町村，市町村的管辖范围较小，教师流动范围有限，教师流动制度的效果也并不明显。20 世纪 50 年代，《关于地方教育行政组织及运营的法律》开始实施，教师的人事管理权限上移到都道府县，扩大了教师的流动范围。60 年代，教师流动制度进一步完善，一名教师在同一所学校连续工作不得超过 5 年，在流动期间待遇不变。日本十分重视校长的经历，中小学校长任期为 4 年，连任者需要在不同的学校之间进行轮换。[①] 教师流动制度使日本消除了重点学校与非重点学校的界限，从而在很大程度上可以缩小学校间教学质量的差距，促进义务教育服务均等化程度的提高。

（四）推行教育“平准化”政策

日本推行教育“平准化”政策以促进义务教育服务均等化，对条件较差的学校给予充足的经费支出，促进学校的教学设施和教学条件达到预定标准。中小学都建有多功能体育馆，按照小学生每两人一台、初中生每人一台的比例配备电脑室。按照统一标准建设学校，那么不同地区的学校差异将会很小，学生家长在选择学校的时候根本不用考虑不同地区的学校差异，可以直接选择距离居住地比较近的学校，“就近入学”原则是日本政府坚持的重要原则。日本儿童在满 6 周岁后的第一个四月开始入学，义务教育阶段公立学校实行全免费政策，新学期开始国家免费发放教科书。为促进学生全方位发展，日本学生在义务教育阶段课业负担较轻、学习压力较小，一般只进行小的测验，不参加大规模的统一考试，小学毕业可以免试升入相应地区的初中，基本不用面临择校问题。同时在义务教育阶段，学校对学习能力较弱的学生不实行留级政策，而是指定教师对这些学生进行课外辅导，保证他们达到基本的学业标准。为促进义务教育服务均等化，日本政府还采取了关闭一批贵族初中和新建一批普通初中的措施。另外，对审核不达标的初中采取严厉惩罚措施，终止其办学资格或是缩减其招生名额。

（五）实行义务教育经费分担机制

日本的政权组织结构分为中央、都道府县和市町村三级，实行中央统筹与

---

① 张宇峰、方红：《日本义务教育师资均衡配置制度对我国的启示》，载于《现代中小学教育》2016 年第 7 期。

地方自治相结合。为与政权组织结构相适应，日本实行一级政府一级财政的财政体制，各级财政只对本级政府负责，上下级财政之间不存在行政和业务上的隶属关系。日本法律明确规定全部义务教育服务经费由中央、都道府县和市町村三级政府共同负责分担。中央政府负责通过转移支付手段为中小学教师提供补助，以保证地区间教师工资和福利水平的大致相同；都道府县负责中小学教师的任免，以保证各地区教学质量的大体一致。具体来说，中央政府需要负担义务教育服务的全部经费，义务教育教师工资和长期福利费用的1/2，新建扩建义务教育校舍费用的1/2，义务教育危房改建费用的1/3，义务教育受灾校舍费用的2/3，偏僻地区义务教育学校公用经费的1/2，家庭经济困难学生补助费用（包括学习用品和交通费等）的1/2；都道府县负担义务教育教师工资和长期福利费用的1/2，义务教育危房改建费用的1/3，义务教育受灾校舍费用的1/3；市町村负担新建扩建义务教育校舍费用的1/2，义务教育危房改建费用的1/3，家庭经济困难学生补助费用的1/2。①

日本没有独立的教育财政转移支付制度，教育财政转移支付主要体现在政府间财政转移支付体系中，而且日本政府间教育财政转移支付体系的主要特点是中央政府对都道府县的转移支付，都道府县和市町村之间不存在转移支付关系。如表5－14所示，中央政府对都道府县的教育财政转移支付在15%左右，且中央政府和都道府县都没有对市町村给予教育财政转移支付资金。中央对都道府县的财政转移支付项目主要是地方交付税、国库支出金和地方让与税，其中与教育服务直接相关的是地方交付税和国库支出金。

表5－14　日本2008～2015年公共教育资金在各级政府间的分配情况　单位：%

年份	转移支付前				转移支付后			
	中央	都道府县	市町村	合计	中央	都道府县	市町村	合计
2008	15.6	67.1	17.2	100	0.6	82.1	17.2	100
2009	18.0	64.2	17.8	100	0.7	81.5	17.8	100
2010	18.1	64.6	17.3	100	1.7	81.0	17.3	100

① 李祥云：《义务教育财政转移支付制度：日本与美国模式》，载于《教育与经济》2004年第2期。

续表

年份	转移支付前				转移支付后			
	中央	都道府县	市町村	合计	中央	都道府县	市町村	合计
2011	16.5	66.2	17.2	100	1.8	81.0	17.2	100
2012	16.4	66.8	16.8	100	1.8	81.4	16.8	100
2013	17	66	17	100	2	81	17	100
2014	16	66	18	100	2	81	17	100
2015	16	66	18	100	2	80	18	100

资料来源：根据 Education at a Glance 2011/2012/2013/2014/2015/2016/2017/2018：OECD Indicators 整理。

地方交付税是中央政府对地方政府提供的无条件转移支付，目的在于弥补都道府县和市町村财力的不足，保证地方公共服务水平达到中央政府的规定。具体来说，地方交付税又分为普通交付税和特别交付税两个部分，其中普通交付税的比重超过 90%。[①] 普通交付税用于支付财政支出需求超过财政收入能力的地方政府，两者之间差额较大的地区得到地方交付税的数额也较多，使得普通交付税成为地方交付税的主要组成部分；而特别交付税则是普通交付税的必要补充，主要目的是对地方政府的特殊支出给予财力支持。中央政府按照统一公式计算出都道府县和市町村的地方交付税总额，并将财政资金拨付给相应的管理部门。都道府县和市町村财政部门将中央政府给予的地方交付税与本级政府自身筹集的财政收入一同纳入财政预算，然后根据相关要求具体确定义务教育服务的经费数额。从本质上说，地方交付税是中央政府给予地方政府的无条件转移支付，不能从根本上保证地方政府将补助资金优先分配给教育。为保障义务教育服务财政资金的优先供给，日本政府设计了国库支出金制度，地方政府获得国库支出金必须接受中央政府附加的各种规定。国库支出金具体分为国库负担金、国库委托金和国库补助金三种类型，其中国库负担金与义务教育服务直接相关，它是中央对地方义务教育服务的专项补助，因而中央政府负责对其进行监督管理，一旦发现专项补助被挪用，中央政府将收回资金。

① 张青：《外国财政制度与管理》，中国财政经济出版社 2007 年版。

第二节　发展中国家义务教育服务均等化的实践

发展中国家在社会经济发展水平方面与我国存在诸多相似之处，义务教育服务发展水平也大体相当。本节将简要分析印度和巴西两个主要发展中国家促进义务教育服务均等化的措施，发展中国家促进义务教育服务均等化的措施相比发达国家在可操作性上可能更具有借鉴价值。

一、印度促进义务教育服务均等化的实践

印度是一个多民族和多宗教的人口大国，国内面临着严峻的经济问题、政治问题和社会问题，义务教育服务均等化也面临巨大挑战，但是印度仍然十分重视义务教育服务的公平发展，并采取了很多措施。2009 年，印度议会通过《儿童免费与义务教育权利法》，对全部 6 ~ 14 岁儿童实行 1 ~ 5 年级、6 ~ 8 年级的八年免费义务教育。[①]

（一）实行权力下放的教育管理体制

印度是典型的联邦制国家，教育管理体制具有明显的分权特征，具体分为中央教育行政、邦教育行政和地方教育行政三级。中央教育行政负责行使教育咨询权力和协调全国范围内的教育事务，教育行政管理的直接职责由各邦教育行政行使，各邦教育行政有权制定邦内的教育政策。印度权力下放的教育管理体制能够促进教育服务管理因地制宜，进而充分提高地方政府努力发展义务教育服务的主动性和积极性。另外，印度政府还与国际组织、非政府组织和私人部门开展广泛的合作，通过接受外部援助的方式推进义务教育服务的普及。印

① 阚阅：《公平与积极的反歧视：印度义务教育均衡发展策略透析》，载于《比较教育研究》2011 年第 8 期。

度义务教育服务在农村尚未普及，规定小学生在方圆3公里范围内就近入学，不允许自行选择学校，并正努力保证每个村庄都建有一所小学，每个学校至少配有两名教师，其中一人为妇女。

（二）重视发展非正规教育和女子教育

印度的教育问题往往与民族问题和宗教问题交织在一起，社会问题对教育问题产生较大影响。印度在不可能从根本上解决社会问题的情况下，尽可能有针对性地消除义务教育服务发展的不利因素。印度综合分析其国内特有的社会环境和经济环境，从广大农村生产落后、生活贫困，许多儿童不得不从小参加体力劳动以维持生计的社会现实出发，积极推动非正规教育的发展。非正规教育主要针对不在学校读书的9～14岁儿童，主要以自学为主，学习时间多安排在晚上或工余时间。非正规教育中心是具体实施非正规教育的机构。印度1986年《国家教育政策之行动计划》中规定：第七个“五年计划”期间，在教育落后的9个邦中，邦政府创办男女生合用的非正规教育中心，中央政府将补助50%的经费；邦政府创办专为女童服务的非正规教育中心，中央政府将补助90%的经费；福利机构或志愿团体创办非正规教育中心，中央政府补助100%的经费；学术机构对非正规教育领域进行项目创新或者提供评价活动，中央政府提供100%的经费。

印度国内男尊女卑传统思想十分严重，妇女社会地位低下，近年来，随着女权主义的兴起，印度开始重视发展女子教育，并采取一系列强有力的措施。为鼓励女生接受义务教育，政府给予女生入学助学金，设立女生出勤奖学金、免费向女生提供午餐等。对女子教育的重视，不仅提高了印度妇女的社会地位，而且推动了义务教育服务的普及，较好地促进了义务教育服务均等化的发展。

二、巴西促进义务教育服务均等化的实践

与腾飞的经济相比，巴西教育发展却较为落后。巴西国内贫富悬殊，教育服务不平等状况十分严重，在1992年，来自最贫困家庭的儿童只有75%入学就

读，而同期来自最富裕家庭的儿童入学率高达95%。① 巴西政府意识到发展教育的重要性，开始采取很多措施积极发展教育，并取得了良好的效果。

（一）大幅增加对义务教育服务的财政投入

如表5－15所示，巴西1995～2015年小学（primary education）、初中（lower secondary education）、高中（upper secondary education）教育支出占GDP的比重呈不断上升趋势，2007～2015年，比重都超过4.0%。

表5－15 巴西1995～2015年初等与中等教育公共支出占GDP的比重 单位：%

年份	小学和初中	高中	合计
1995			2.6
2000			2.4
2005			3.2
2007	3.2	0.7	4.0
2008	3.4	0.7	4.1
2009	3.6	0.7	4.3
2010	3.5	0.8	4.3
2011	3.4	1.0	4.4
2012	3.5	1.2	4.7
2013	3.3	1.1	4.3
2014	3.0	1.0	4.1
2015	3.0	1.1	4.1

资料来源：根据Education at a Glance 2010/2011/2012/2013/2014/2015/2016/2017/2018：OECD Indicators整理。

如表5－16所示，巴西2007～2012年初等教育（primary education）、中等教育（secondary education）和其他非高等教育（post-secondary non-tertiary education）支出在公共支出中的比重逐年上升，2012年达到14.1%，2012年之后虽有所下降但依然保持在13%左右。2007～2012年，公共教育（包括学前教育和

① 王检：《巴西教育公共服务对我国教育公共服务发展的启示》，载于《求实》2010年第S1期。

高等教育）支出在公共支出中的比重也呈逐年上升趋势，2011 年达到 19.2%，之后一直保持在 17% 左右。

表 5－16　　巴西 2007～2015 年用于教育的公共教育支出占公共支出的比重

单位：%

年份	初等、中等和其他非高等教育支出占公共支出比重	公共教育支出占公共支出的比重
2007	12.2	16.1
2008	13.3	17.4
2009	13.0	16.8
2010	13.8	18.1
2011	14.3	19.2
2012	14.1	17.2
2013	12.8	16.3
2014	13.1	17.3
2015	13.1	17.3

资料来源：根据 Education at a Glance 2010/2011/2012/2013/2014/2015/2016/2017/2018：OECD Indicators 整理。

如表 5－17 所示，巴西 2007～2015 年初等教育（primary education）生均支出占人均 GDP 的比重不断上升，2008 年开始超过 20%；中等教育（secondary education）生均支出占人均 GDP 的比重也呈上升趋势；2007～2011 年，初等教育生均支出占人均 GDP 的比重都要大于中等教育，表明初等教育是投入的重点。

表 5－17　　巴西 2007～2015 年初等与中等教育生均支出占人均 GDP 的比重

单位：%

年份	初等教育	中等教育		
		初中	高中	全部
2007	17	18	13	16

续表

年份	初等教育	中等教育		
		初中	高中	全部
2008	20	21	15	19
2009	22	23	16	20
2010	22	23	17	21
2011	23	23	22	23
2012	25	24	24	24
2013	24	24	24	24
2015	20	21	21	20

资料来源：根据 Education at a Glance 2010/2011/2012/2013/2014/2015/2016/2017/2018：OECD Indicators 整理。

如表 5－18 所示，巴西 2007～2010 年初等教育（primary education）和中等教育（secondary education）生均教育支出每年增加 300 美元左右，2013 年增长最快，增长将近 800 美元，2007～2011 年初等教育生均支出要高于中等教育，2011 年之后两者支出已经较为接近。

表 5－18　巴西 2007～2015 年初等与中等教育生均支出情况　单位：美元

年份	初等教育	中等教育		
		初中	高中	全部
2007	1 862	1 947	1 427	1 750
2008	2 155	2 305	1 660	2 058
2009	2 405	2 523	1 763	2 235
2010	2 778	2 849	2 148	2 571
2011	2 673	2 700	2 605	2 662
2012	3 095	2 981	3 078	3 020
2013	3 826	3 802	3 852	3 822
2014	3 799	3 814	3 870	3 837
2015	3 762	3 289	3 986	3 872

资料来源：根据 Education at a Glance 2010/2011/2012/2013/2014/2015/2016/2017/2018：OECD Indicators 整理。

同发达国家相比，巴西公共教育支出占公共支出的比重已超过美国、法国和日本，初等与中等教育公共支出占 GDP 的比重已高于日本，与美国和法国持平，但是初等与中等教育生均支出绝对额却远小于发达国家。

（二）宪法明确规定教育经费的分担机制

巴西实行联邦、州和市的三级教育管理体制。联邦政府设立联邦教育委员会和教育部，教育部负责执行联邦教育委员会的决定，并根据情况协助各州兴办教育；州政府设立教育委员会和教育厅，教育厅根据州教育委员会的决定协调和统一本州的教育政策，并监督和管理从事义务教育服务的私立学校。巴西是世界上唯一把教育经费问题写入宪法的国家①，宪法明确规定各级政府应该承担的经费比例：联邦政府使用不低于 13% 的联邦所得税收入发展教育，州政府使用不低于 25% 的州所得税收入发展教育，市政府使用不低于 25% 的所得税收入发展教育。同时，巴西利用国际组织捐赠、各级政府拨款、企事业单位捐赠和金融机构贷款等建立了全国教育基金会，也从体育彩票和欠税罚款中筹集教育资金。联邦政府的教育经费主要来自一般税、专项税和教育工资税，教育工资税是企业按照企业人员总工资的 2.5% 缴纳的，教育工资税占据联邦教育经费支出的 60%；州政府的教育经费主要来自一般税和州参与拨款，州政府也可以获得教育部与教育厅年度“专门协定”拨款和预算外的社会投资基金；市政府的教育经费主要来自市参与基金以及联邦政府和州政府的拨款。② 如表 5 – 19 所示，巴西公共教育资金主要掌握在州政府手中，比重超过了 40% 以上，市政府的财政转移支付主要来自联邦政府，但比例较小，不超过 10% 。

表 5 – 19　巴西 2008 ~ 2015 公共教育资金在各级政府间的分配情况　　单位：%

年份	转移支付前				转移支付后			
	联邦	州	市	合计	联邦	州	市	合计
2008	15	50.6	34.4	100	9.7	50.1	40.2	100
2009	16.8	47.7	35.5	100	11.8	47.5	40.7	100

①② 谢炜、陈进红：《教育公共服务的国际经验及其借鉴》，载于《内蒙古师范大学学报》2008 年第 3 期。

续表

年份	转移支付前				转移支付后			
	联邦	州	市	合计	联邦	州	市	合计
2010	19.9	47.5	32.7	100	12.1	46.7	41.2	100
2011	18.2	48.7	33.1	100	11.2	48.4	40.4	100
2012	17.6	45.1	37.3	100	10.4	47.0	42.6	100
2013	17	45	38	100	10	45	45	100
2014	16	43	41	100	10	43	47	100
2015	20	42	38	100	8	44	48	100

资料来源：根据 Education at a Glance 2011/2012/2013/2014/2015/2016/2017/2018：OECD Indicators 整理。

（三）制定多项计划改善教育服务不平等状况

为改善教育不平等状况，巴西制定多项教育计划，主要有“全民教育十年计划”、东北地区基础教育计划、学校学生资助计划和全面援助儿童与青少年计划。

“全民教育十年计划”的主要内容包括：（1）扩大学校覆盖面，提高入学率，使学龄人口入学率达到94%以上。（2）提高义务教育质量，减少留级率，使80%的学龄儿童在规定的时间内完成小学。（3）保障基础教育的经费供给，优化义务教育学校的办学条件，保证公共教育经费总额占国内生产总值的比重达到5%。（4）提高教师地位，加强对教师的职业技能培训。（5）下放教育管理权限，给予学校更多的财政和教学自主权。①

东北地区基础教育计划是巴西政府改善落后地区义务教育质量的主要措施，该计划旨在提高东北地区一年级至四年级的教学质量，主要内容包括：（1）为东北地区各州提供财政和行政管理方面的支持。（2）为东北地区各州小学教师提供培训和进修机会。（3）为东北地区学校的发展计划和教学计划提供帮助。

学校学生资助计划是通过学生资助基金会为义务教育阶段学生提供资助的

① 朱敏，高志敏：《终身教育、终身学习与学习型社会的全球发展回溯与未来思考》，载于《开放教育研究》2014年第1期。

措施，资助范围主要涉及师生的教学活动、营养午餐和学生健康，该计划的目的在于保证义务教育学生的身心健康发展。

全面援助儿童与青少年计划是为城市边缘地区学龄儿童和文盲提供全面援助，提供接受义务教育的机会。

巴西政府还为特殊教育对象提供特殊的教育方法，如为残疾人提供专门的入学标准和远距离教育，为印第安儿童提供双语教学方式。

第三节 国外义务教育服务均等化的经验与启示

纵观发达国家和发展中国家的实践，各国为促进义务教育服务均等化都采取了适合本国国情的措施。虽然具体措施有所差异，但也有很多共通之处值得我国借鉴。

一、以法律保障义务教育服务的均衡发展

将促进义务教育服务均等化的方针、政策和制度等通过法律形式固定下来，大大增加了这些方针、政策和制度的执行力度，例如美国的《不让一个孩子掉队》法案，强调教育的实质平等，有效提高了各种族学生的成绩，保证义务教育服务结果的平等。在美国通过 NCLB 法案之后，政府提供的资金实现了迅速的增长；日本的《偏僻地区教育振兴法》有效改善了偏远地区的义务教育服务质量；巴西的“全民教育十年计划”提高了义务教育服务的普及率，并在很大程度上提高了义务教育服务水平。正是完善的法律体系保障了各国义务教育服务的方针、政策和制度能够顺利实施，从根本上为义务教育服务均等化提供法律保障。

我国教育地区发展失衡的一个很重要的原因就是缺乏较为具体明细的制度与法律的保障。尽管在我国的宪法和《义务教育法》中明确提出了我国公民具

有平等的受教育的权利，但实践中缺乏可行的方案和措施，教育平等更多地体现在原则层面上。虽然《义务教育法》中提到了教育均衡发展是政府的责任，但没有对教育均衡做出具体的说明。因此国家应该尽快完善义务教育平等保护的法律体系，以实现教育平等、高质量教育为目标导向，增加和细化法律法规中有关促进教育平等的内容，并且使之具有较强的可操作性。

二、明确各级政府义务教育服务职责和经费分担比例

美国施行联邦、州以及地方政府三级财政管理体制，联邦政府主要通过法律法规、拨款数额等途径来对各州的教育进行宏观上的调控；州政府拥有教育决策的主要权力，负责制定所有课程规划和全州的教育发展计划；地方学区则执行联邦的教育法案以及州政府的教育发展计划，形成了权责分明、管理层次清晰的有效管理体制。法国是义务教育中央集权制的典型国家，其政权组织结构分为中央、地区、省和市镇四级，中小学教师和其他人员的工资由中央负责；初中学校的基本建设费用和日常费用由省政府负责；小学学校的基本建设费用和日常费用由市镇政府负责，同时省级政府与市镇政府可以从国家获得一定的教育经费拨款。

合理界定各级政府的义务教育服务职责是促进义务教育服务均等化的前提条件，而明确各级政府的义务教育服务经费分担比例则有利于提高地方政府的积极性，保证义务教育服务的最优供给水平。无论是中央集权、地方分权还是两者相结合的教育财政体制，只有明确了各级政府的职责和经费分摊比例，才可能避免互相推脱责任的现象，真正推动义务教育服务的均衡发展。

三、建立完善的教育财政转移支付制度

不同地区间的义务教育服务财政供给能力是有差异的，实现义务教育服务均等化首先需要公平不同地区间政府的财政供给能力，这就需要建立完善的财政转移支付体系，缩小地区间的财政供给能力差异。美国和日本的财政转移支

付制度规定了转移支付规模的具体计算方法，在很大程度上减少了转移支付资金的盲目性和随意性，也减少了人为因素的干扰。完善的教育财政转移支付制度平衡了地区间义务教育服务的财政供给能力，从而保证了义务教育服务均等化的物质基础。美国有联邦政府和州政府转移支付制度，前者保证财力较差的地方政府能够获得较大的转移支付数额，后者则保证州内每个学区能筹集到基本相同的教育经费。日本有义务教育国库负担制度和义务教育国库补助制度，前者是中央政府对地方教育的专项财政转移支付制度，后者则是中央政府对地方政府具体某项义务教育项目的支出。

我国公立义务教育资金来源与美国有很大的区别，其用于地方教育的财政支出在很大程度上与当地的经济发展水平相关，这便会产生地区间由于经济发展水平的原因导致教育发展极不均衡的现象，因此建立和完善教育转移支付制度便显得尤为重要。为此，义务教育财政体制应该由中央、省级、区县共同负责，并对各自所应该承担的责任作出明确的划分，参照国际上的标准，依据三级财政情况和经济情况对各自的财政投入制定标准化的比例。同时对转移支付制度的设计进行完善，对教育转移支付制度所要实现的目标进行重新审视，切实做到义务教育财力均等化，而不仅仅只是为了帮助财力欠缺的地区解决资金困难的问题，提高专项转移支付资金的使用效率。

四、实行向弱势地区和弱势群体倾斜的财政政策

义务教育服务非均等化是市场失灵的典型表现，需要政府进行干预以保证所有适龄儿童都有机会享受义务教育服务，例如美国对黑人、移民以及残疾儿童采取特别措施保护他们的受教育权，法国在西部地区开设单班小学保证偏远地区儿童接受良好的教育服务，日本实施教师流动制度鼓励优秀的教师到偏远地区任教，印度对女童给予特殊的入学补助，巴西为落后的东北地区制定了东北地区基础教育计划。实施支持弱势地区和弱势群体的政策能够弥补市场缺陷，促进义务教育服务的均衡发展。

长期以来，中国由于城乡二元经济结构的存在导致政府在制定教育政策时偏向于城市，城市也凭借着自身的经济优势吸引了更多的教育资源，同时

城市的教育经费来源也越来越多元化，导致教育资源在城市与农村之间分配极不均衡。农村地区基础设施落后，师资力量薄弱，在这种背景下实行向弱势地区和弱势群体倾斜的财政政策就显得尤为重要，可以大大促进义务教育均等化的发展。

第六章
促进我国义务教育服务均等化的财政保障机制

义务教育服务均等化已成为我国教育事业发展过程中的重要目标，政府应该坚持教育事业发展的全局性与公平性原则，从义务教育服务的正外部性出发，对义务教育资源进行均衡配置，从而保证全体社会成员能够平等地享受义务教育服务。目前我国义务教育服务水平区域之间、城乡之间、校际的差距很大，实现义务教育服务均等化需要大量的基础性工作。义务教育服务均等化离不开财政保障机制，财政保障机制是实现义务教育服务均等化最重要的手段，促进我国义务教育服务均等化的财政保障机制应该包括完善义务教育服务均等化的经费投入机制、优化义务教育服务均等化的财政管理体制、加强义务教育服务均等化的法律体系建设以及促进义务教育服务均等化的其他财政措施等。

第一节　完善义务教育服务均等化的经费投入机制

义务教育服务均等化是我国教育事业发展的中长期目标，教育投入的均衡配置是义务教育服务均等化的物质基础。我国义务教育服务经费投入机制虽历经多次改革，但是仍然存在诸多不合理的地方。加速推进义务教育服务均等化，需要完善义务教育服务的经费投入机制。义务教育服务的经费投入机制是保证义务教育经费公平、充足、有效供给而对义务教育服务经费的来源、分配和使用建立规范化的制度，其规定了义务教育经费的保障标准、投入规模、投入结构、使用范围等。

一、制定财政性义务教育经费的保障标准

实现义务教育服务均等化需要制定明确的财政性义务教育经费的保障标准，形成财政性义务教育经费的保障标准，义务教育服务均等化才有章可循、有据可依，从而保障区域间、城乡间、校际财力的基本相同。财政性义务教育经费的保障标准主要包括两个方面，即经费标准和办学条件标准。具体来说，区域

之间、城乡之间和校际义务教育服务的经费水平应该坚持公平原则，办学条件上推进标准化建设，从而保证学生享受基本相同的义务教育服务。

（一）统一财政性义务教育经费保障标准的基础

我国制定财政性义务教育经费保障标准需要解决以下问题：第一，财政性义务教育经费保障标准的涵盖范围不明确，缺乏统一的规定；第二，财政性义务教育经费保障标准的制定方法不统一，缺乏比较基础；第三，财政性义务教育经费的保障标准多年保持不变，缺乏动态增长机制。一般来说，财政性义务教育经费保障标准的涵盖范围应该包括人员经费和公用经费。人员经费主要用于教师的工资和福利支出，具体包括教师的基本工资、补助工资、职工福利费、社会保障费、奖助学金等内容。公用经费主要用于维持学校的正常运转，具体包括公务费、业务费、设备购置费、修缮费等。从国际实践来看，义务教育服务经费保障标准的制定方法可以分为产出法和投入法两种。产出法需要把入学率、升学率以及学习成绩等指标设为产出目标并作为核心解释变量，在控制地域特征和学生家庭背景等因素后，使用计量分析方法估算财政性义务教育服务经费保障标准。投入法是按照标准化的学校核算学校能够正常运行所需的各项经费投入总额，并将此经费投入总额作为财政性义务教育经费的保障标准。相对来说，投入法更合适成为我国制定财政性义务教育经费保障标准时使用的方法，因为它更符合我国区域间教学环境存在较大差异的现实。

（二）制定财政性义务教育经费的统一标准

经费水平能否保证相同的义务教育服务是制定财政性义务教育经费保障标准的主要依据，财政性义务教育经费的统一标准应该包括生均人员经费标准和生均公用经费标准。例如2011年全国普通初中，生均公共财政教育人员经费为4 497.47元，其中北京的公共财政教育生均人员经费最多，达到14 586.38元，贵州最少，只有2 762.55元；生均公共财政教育公用经费为2 045.55元，其中北京的公共财政教育生均公用经费最多，达到11 241.78元，广东最少，只有1 175.52元。[①] 从中可以看出，各省之间生均公共财政教育人员经费和公用经费

① 国家统计局：《中国教育经费统计年鉴》，中国统计出版社2012年版。

的差距很大，比较现实的方法就是把全国平均水平的生均义务教育人员经费和公用经费作为义务教育服务的人员经费和公用经费标准。中央财政对低于统一标准的省区给予重点倾斜，减少对高于统一经费标准的省区的投入，逐步实现各省生均财政性义务教育经费的大体相同。鉴于我国区域间义务教育服务发展水平存在明显差异的现实，可以将财政性义务教育经费的统一标准分为最低标准和发展标准两个层次，最低标准是各地区财政性义务教育服务经费的最低限额，发展标准是发达地区可以率先实现的财政性义务教育服务经费标准，也可以作为落后地区财政性义务教育服务经费标准的发展目标。同时，财政性义务教育服务经费的统一标准应该是动态的，每一年或者两年确定一次。

（三）制定义务教育学校办学条件的统一标准

办学条件均衡是实现义务教育服务均等化的硬件基础，地区间的财力差异导致义务教育学校之间办学条件出现较大的差距，为缩小这种差距，地方政府需要根据当地经济发展状况和义务教育服务需求，以改造薄弱学校为切入点，不断推进义务教育学校的标准化建设。中央政府应该坚持以人为本的原则，合理确定校舍建设标准，地方政府根据这一标准实施农村现代远程教育工程、农村中小学危房改造工程和农村寄宿制学校建设工程等项目，使薄弱学校的生均建筑面积、生均用房面积、教学设备和图书资料等达到国家标准，以缩小与优势学校的办学条件差距，从而保证各地区教学设施和办学条件的大体相同。为保证各地区义务教育学校办学条件统一标准的实施，中央政府应建立相应的监督机制，在全国范围内对义务教育学校的办学条件进行动态监测，对不符合国家标准的学校进行督导检查，促使其尽快达到国家标准。建立义务教育学校办学条件的统一标准，某种程度上可以保证学生享受到相同的校舍条件，从而保证义务教育服务均等化的顺利推行。

二、合理确定义务教育服务经费的投入规模

经费投入规模是影响义务教育服务发展的基础因素，充足的经费投入规模可以为义务教育服务的均衡发展提供基本的财力支持，才能为学龄儿童提供足

够的教育资源，才能保证学龄儿童平等地享受义务教育服务。2013 年我国公共财政收入 129 143 亿元，比去年增加 11 889 亿元，增长 10. 1% 。[①] 迅速增长的财政收入使政府有能力利用公共财政实现教育公平，政府应该不断规范义务教育经费投入机制，进一步加大义务教育服务经费的投入规模，因此，要不断加大对义务教育服务的财政投入，为义务教育服务财政均等化提供保障。

义务教育服务经费的投入规模通常可以采用绝对指标和相对指标衡量，绝对指标是按照当期价格或不变价格计算的义务教育服务经费投入总额，相对指标是义务教育服务经费投入与相关经济变量的比值，如义务教育服务经费投入占国民生产总值的比重。一般来说，绝对指标比较直观，便于对一国义务教育服务经费投入的变化情况进行纵向比较，但是不能反映义务教育服务经费投入与国民经济其他变量之间的变动关系；相对指标除能反映政府对国民生产总值实际使用和支配的规模外，还便于对一国义务教育服务经费投入与其他国家进行横向对比。因此，加大义务教育服务经费投入规模不仅指义务教育服务经费绝对数额的不断增长，也包括义务教育服务经费在国内生产总值中的比重不断提高，即不断提高教育公共支出在国内生产总值中的比重以及义务教育服务经费投入在教育公共支出中的比重。

（一）提高义务教育生均经费

根据经济与合作发展组织（OECD）统计：2007 年，美国初等教育生均支出为 10 229 美元，中等教育生均支出为 11 301 美元；日本初等教育生均支出为 7 247 美元，中等教育生均支出为 8 760 美元；法国初等教育生均支出为 6 622 美元，中等教育生均支出为 10 877 美元；巴西初等教育生均支出为 1 862 美元，中等教育支出为 1 750 美元；我国初等教育生均支出为 778 美元，中等教育生均支出为 1 153 美元。[②] 2012 年，我国普通小学生均公共财政预算事业费为 6 128. 99 元，普通初中生均公共财政预算事业费为 8 137 元。[③] 与发达国家相比，我国义务教育生均经费严重不足，差距巨大，提高义务教育生均经费是提高义务教育服务水平、促进义务教育服务均等化的重要保障。

---

① 数据源于财政部网站国库司：《2013 年财政收支情况》。
② 数据源于 Education at a Glance：2010 Indicators。
③ 《教育部、国家统计局、财政部关于 2012 年全国教育经费执行情况统计公告》。

（二）调整义务教育经费与非义务教育经费的比重

义务教育服务与非义务教育服务是性质不同的两种商品，义务教育属于纯公共商品，理应是由政府来提供，非义务教育特别是高等教育，个人收益明显大于社会收益，理应吸引社会资金参与。很多发展中国家认为搞经济建设需要依靠高等教育，公共教育支出时严重倾向高等教育，忽视义务教育。过度发展高等教育并不一定有利于促进经济发展，反而可能导致更为严重的社会问题，印度在这方面就经历过惨痛的教训。20 世纪 50 年代，印度开始大力发展高等教育，不断提高高等教育经费在公共教育经费中的比重，可是经济发展的效果并不理想。70 年代末，印度把教育事业发展重点转向义务教育，开始减少高等教育经费支出，并在公共教育经费中不断降低高等教育经费的比重，相应提高义务教育服务经费的份额。我国也存在“重高等教育，轻基础教育”的资源配置格局。80 年代义务教育服务财政投入管理权下放到地方政府，中央政府将财政资金更多地投向高等教育，从而进一步加大了义务教育与高等教育发展的差距；90 年代我国逐渐重视义务教育服务发展，增加义务教育服务经费投入。2000 年小学国家财政性教育经费占全国财政性教育经费的比例为 30.09%，2012 年这一比例变为 30.99%；2000 年中学国家财政性教育经费占全国财政性教育经费的比例为 25.98%，2012 年这一比例变为 30.67%；2000 年高等学校国家财政性教育经费占全国财政性教育经费的比例为 18.45%，2012 年这一比例升高为 22.04%。[①] 这些数据表明，十多年来我国“重高等教育，轻基础教育”的资源配置格局没有得到明显改善，义务教育仍然处于教育结构中最薄弱的环节。在公共教育经费有限的情况下，应该不断优化教育资金的分配结构，适当减少高等教育的财政经费，将相应部分投入到义务教育中，并把公共教育经费的增量部分也用于义务教育服务，从而提高义务教育服务经费在公共教育经费中的比重，从而保证所有学龄儿童都能够享受到最基本的教育服务，最大限度地提高全民文化素质。

---

① 根据《中国统计年鉴》（2012）中国家财政性教育经费计算得到。

三、优化义务教育服务经费的支出结构

政府肩负着推进基本公共服务均等化的职责，需要承担多项基本公共服务支出，教育作为基本公共服务的重要组成部分，所能获得的经费必然有限，在公共教育经费总额一定的情况下，有必要优化教育服务经费的支出结构。义务教育服务经费的支出结构是指义务教育服务内部各支出项目按照一定标准划分为不同类别而形成的资金配置状态。通过调整义务教育服务经费的支出结构，有助于改进政府分配和使用义务教育服务的资金效率。优化义务教育服务经费的支出结构，需要重点改善义务教育经费的城乡投入结构、义务教育服务经费支出结构以及实行倾向弱势地区和弱势群体的经费支出政策。

（一）改善义务教育经费的城乡投入结构

在义务教育服务财政经费划拨过程中合理区分轻重缓急，将有限的义务教育服务经费投向义务教育服务最落后的地区，实现财政资金的高效使用。长期以来，我国农村地区义务教育服务经费供给严重不足，导致农村地区义务教育服务发展严重滞后。虽然近些年农村地区实行免学杂费、免书本费、补助寄宿生生活费的政策促进了农村地区义务教育服务的发展，但是农村地区的义务教育服务水平与城市地区相比仍然存在着巨大差距。义务教育服务均等化需要缩小城乡义务教育服务差距，加大对农村地区义务教育服务的经费投入，确保财政收入增量优先用于发展农村义务教育服务，保证农村义务教育服务经费的增长速度高于当地政府财政支出的增长速度，从而尽快改善农村办学条件，促进农村义务教育服务发展，缩小城乡之间义务教育服务水平的差距。

（二）优化义务教育服务的经费支出结构

从义务教育服务经费支出结构看，人员经费比重过高，呈不断上升的趋势，而公用经费比重偏低，且呈逐渐下降趋势。近几年来，教师工资多次提高，政策性补贴不断增加，加之离退休人员数量急剧增多，导致人员经费支出迅速增长，在教育经费中的比重不断上升，使公用经费的比重越来越小，尤其是农村

地区，教育经费发放教师工资后所剩无几，公用经费不足严重影响教学活动的正常进行和教育质量的提高。因此，制定义务教育服务经费支出计划时，应该合理增加公用经费，以便维持正常的教学活动。

四、建立义务教育教师工资保障制度

义务教育服务经费支出中最主要的部分是义务教育教师工资支出，许多国家在刚刚实施义务教育服务时，把提供义务教育服务视为基层地方政府不可推卸的责任，从而由基层地方政府负责教师工资的全部经费支出，这种做法不仅给地方财政带来沉重的财政负担，而且无法切实保证教师工资的及时支付，经常出现拖欠教师工资的现象。鉴于这种体制的失效，各国政府开始调整教师工资的管理体制，纷纷通过立法形式将义务教育教师纳入国家公务员或地方公务员序列。在保障义务教育教师工资负担方面，规定工资由中央政府或较高层次的地方政府承担，从而提高了教师的社会地位和工资待遇，也方便政府对教师的统一管理和考核，同时有利于教师队伍的稳定和教师素质的提高。

各国义务教育教师工资责任的承担大致可以分为四种类型：（1）中央政府独立承担。（2）高层次地方政府独立承担。（3）各级政府联合承担。（4）基层地方政府独立承担。前三种类型因将保障教师工资的责任集中在中央政府或高层次地方政府能够取得良好效果而被广泛应用，如法国中央财政负责负担全部教师工资，日本中央财政和都道府县财政分别负担教师工资的一半。中央政府或省级政府统一负责义务教育教师的工资，能够在全国或全省范围内为义务教育教师提供大体相同的工资条件，有利于稳定农村教师队伍和提高农村义务教育的质量。同时，中央政府或省级政府将教师工资发放到个人指定账户，也有利于防止基层政府或教育部门挪用教育经费、拖欠教师工资。

《中华人民共和国义务教育法》规定教师平均工资水平不低于当地公务员的平均工资水平，但现实中义务教育教师福利待遇与当地公务员相比仍然存在着较大差距。义务教育学校在2009年1月1日已经开始实施绩效工资制度，为促进义务教育学校顺利实施绩效工资制度，应将实施绩效工资制度同深化学校人事制度改革和建立义务教育服务经费分担机制相结合。将义务教育学校的绩效工资全额纳入财政预算，按照管理以县为主、经费省级统筹、中央适当支持的原则，确保义务教育学校实施绩效工资所需的财政经费全部落实到位。

五、构建以省为主的义务教育服务经费投入机制

在过去相当长的一段时间里，我国义务教育服务主要由县以下地方政府负责提供资金。农村地区人口占全国人口的比重较高，学龄儿童数目也相应较多。农村地区经济发展缓慢，县级政府财力异常薄弱，没有充裕的财力支持义务教育服务均等化的发展。本县经济的发展形势和状况以及筹集财政收入的能力决定当地义务教育服务的发展水平，使得以县为主的教育财政体制不具备逐渐缩小县际义务教育服务发展差距的能力。县级政府承担的义务教育经费比例较大，负担的责任较多，导致我国义务教育服务的投入主体相对过低。鉴于以上事实，我国应该探索上移义务教育服务的事权和财权，构建以省为主的教育财政体制。

在普及义务教育服务的过程中，各国都经历了财政负担经费比例逐渐提高、财政投入重心不断上移的过程。法国义务教育服务财政投入主体从市镇政府上移到中央政府，日本通过国库支出金和地方交付税解决落后地区教育经费不足的问题。义务教育服务财政负担经费的比例逐渐提高旨在保证全体社会成员平等享有受教育的权利。财政投入重心不断上移旨在实现事权与财权的合理匹配，避免财政支出集中于基层政府，这种做法不仅可以减小基层政府的财政负担，而且可以减少地区间义务教育服务发展的不平衡。各国发展的总体趋势是义务教育服务财政投入主体从三级政府上移至二级政府或一级政府，投入主体逐渐上移保证义务教育服务发展与国民经济增强之间的良性互动。我国义务教育服务经费投入责任主要由基层政府承担的做法是不恰当的，这种教育经费投入重心较低的体制给基层地方政府带来巨大的财政压力，甚至导致地方财政长期处于收不抵支、临近崩溃的边缘状态，义务教育服务发展困难重重便不足为奇。

构建以省为主的义务教育财政机制，省级政府承担更多的义务教育财政职责，大部分教育经费由省级政府承担可以充分保证教育经费投入的稳定，同时可以使县级政府将职责主要定位在具体管理上。在以省为主的义务教育财政机

制中，省级政府可以设定省内义务教育服务投入的最低标准，最低标准仅是省级政府保证义务教育经费投入的下限，对难以达到最低标准的地区，省级政府给予财政转移支付，从而实现省内义务教育服务均等化。

第二节　优化义务教育服务均等化的财政管理体制

义务教育财政管理体制是政府财政管理体制的重要组成部分。义务教育财政管理体制主要包含以下三个方面的内容：一是财政性义务教育服务经费的投入规模；二是中央政府与地方政府以及地方各级政府之间事权与财权的划分，明确各级政府教育财政管理的职责与义务教育的收支范围；三是阐述促进义务教育服务均等化的财政转移支付制度。

一、提高财政性义务教育经费的投入规模

财政性义务教育经费是政府依据法定程序编制、审核和批准的，更能表明政府对义务教育服务的投入规模和重视程度，推进义务教育服务均等化离不开政府大规模的财政性义务教育经费投入。

（一）提高财政性义务教育经费在国民生产总值中的比重

2010 年，美国初中等教育公共支出占国内生产总值的比重为 4. 0%，法国初中等教育公共支出占国内生产总值的比重为 4. 1%，巴西初中等教育公共支出占国内生产总值的比重为 4. 3%。[①] 2012 年，我国普通小学国家财政性义务教育经费为 5 759. 65 亿元，普通初中财政性义务教育经费为 3 902. 40 亿元，国内生产总值为 519 470. 1 亿元，普通小学和普通初中财政性教育经费占国内生产总值的

① 数据源于 Education at a Glance：2013 Indicators。

1.86%。[①]

2007年，美国初等教育生均支出占人均国内生产总值的比重为22%，中等教育生均支出占人均国内生产总值的比重为24%；日本初等教育生均支出占人均国内生产总值的比重为22%，中等教育生均支出占人均国内生产总值的比重为26%；法国初等教育生均支出占人均国内生产总值的比重为19%，中等教育生均支出占人均国内生产总值的比重为29%；我国初等教育生均支出占人均国内生产总值的比重仅为15%，中等教育生均支出占人均国内生产总值的比重为22%。[②]

从以上两组数据可以看出，我国义务教育财政性教育经费明显不足，不仅远低于美、日、法等发达国家水平，而且低于与我国发展较为相似的巴西。义务教育财政性经费投入不足，严重影响义务教育服务的质量，难以保证相同的义务教育服务水平。因此，我国应该提高财政性义务教育经费在国民生产总值中的比重，保证义务教育服务充足的经费供给。

（二）提高财政预算内经费在义务教育经费中的比重

2012年，我国普通初中教育经费为4 166.35亿元，普通初中国家财政预算内教育经费为3 533.45亿元，普通初中国家财政预算内教育经费占普通初中教育经费的84.8%；普通小学教育经费为6 012.08亿元，普通小学国家财政预算内教育经费为5 314.47亿元，普通小学国家财政预算内教育经费占普通小学教育经费的88.4%。[③]上述两项比例充分说明我国财政预算内教育经费具有很大的提升空间。因此，我国不仅需要加大义务教育经费投入的绝对规模，而且需要提高财政预算内经费占义务教育经费的比重。

二、清晰界定各级政府义务教育事权和财权

发达国家义务教育服务均等化的实践经验表明，义务教育服务均等化需要明确划分各级政府事权和财权。所谓事权是指某一级政府在义务教育服务中应

①③　数据源于国家统计局：《中国统计年鉴》，中国统计出版社2013年版。
②　数据源于Education at a Glance：2010 Indicators。

该承担的职责，所谓财权是指某一级政府通过征税或者接受财政转移支付等方式获得财政收入的权力。在我国，地方政府是义务教育服务的财政投入主体，但是不成熟的分税制导致省以下地方政府财力十分匮乏，很大程度上阻碍了义务教育服务均等化的进程。因此，要实现义务教育服务均等化，必须明确中央政府和地方政府的事权，并保证事权与财权相互匹配。

（一）明确划分各级政府的义务教育服务职责

提升义务教育服务的均等化水平是提升公民文化素质和增强综合国力的基本途径。义务教育服务的义务性和非排他性特点决定某人接受义务教育并不会妨碍其他人接受义务教育，非排他性的公共商品应该由政府负责提供，但是具体由哪一级政府负责还需要充分考虑公共商品的受益范围和外部性的强弱。义务教育服务属于跨区域性的公共商品，人员的流动使接受义务教育服务者无论走到哪里，哪里都能受益，受益范围超出特定的行政区域，且具有很强的正外部性，享受义务教育服务不仅能提高自身素质，还能促进社会的发展进步，所以义务教育服务应该由中央政府和地方政府共同负责才能保证充足供给。重新界定中央政府、省级政府、市级和县级政府的事权与财权范围，按照“一级政府，一级事权，一级财权”的原则，合理界定中央政府和地方政府各自在提供义务教育服务方面的职责。

一般来说，需要维护公平的程度越高，中央政府介入的程度越大，承担的责任就越多。基于地方政府具有先天的信息优势，义务教育服务应该由中央和地方相互合作，中央政府负责提供资金，地方政府负责组织实施。虽然我国义务教育服务也是中央政府和地方政府共同负责，但是中央政府应该承担更多的责任。《中华人民共和国义务教育法》规定我国义务教育实行国务院领导，省、自治区、直辖市人民政府统筹规划实施，县级人民政府为主的管理体制，初步明确了我国各级政府义务教育服务事权的笼统划分，但是缺乏具体明确的细则划分。按照国际经验来看：中央政府应该负责制定义务教育服务的方针政策、法律法规和总体规划，对地方政府的教育工作进行监督指导；省级政府负责省内义务教育服务的组织协调工作，制定省内义务教育服务政策，落实中央政府财政转移支付工作，统筹义务教育服务的资源配置；市县级政府负责具体实施义务教育工作，具体包括做好学校的规划管理、保障学校安全有序、指导学校的教育教学、组织本区域内义务教育教师的流动、组织适龄儿童按时入学、严格控制学生辍学等。根据不同的经济发展水平，义务教育服务事权可以适当选择不同的划分方式，经济发展水平较高的地区，义务教育服务事权可以下放给级次较低的政府；经济发展水平较低的地区，义务教育服务事权必须分配给较高级次的政府。

（二）建立义务教育服务经费分担机制

建立义务教育服务经费分担机制，可以理解为各级政府承担义务教育服务经费份额的具体规定。义务教育服务经费分担机制不存在统一的标准，中央政府应该承担多一些还是地方政府应该承担多一些通常与一国的财政体制密切相关。一般来说，集权型财政体制会集中安排义务教育服务经费投入，分权型财政体制会分散安排义务教育服务经费投入，但都坚持着收入与支出相匹配的原则，财政能力强的政府多承担，财政能力弱的政府少负担。我国在建立义务教育服务经费投入分担机制的时候，也应该充分考虑财政体制的特点。

我国确定义务教育服务经费分担机制时可采用按比例分担或者按内容分担两种方式。按比例分担需要中央政府制定义务教育服务经费投入保障标准，省级人民政府在经费保障标准基础上结合省内实际情况，制定具体的实施细则。省以下地方政府为保障义务教育服务经费的最低需求，可以实施相对动态的经费分担机制，即各级政府将财政收入的一定比例用于义务教育服务，如果这一比例达到省级政府的规定标准，其他各级政府可以不再投入；如果这一比例不能达到省级政府的规定标准，其他各级政府则应该依据法律规定按照各自比例补齐省级政府的规定标准。按内容分担则是根据具体支出项目在各级政府间分摊义务教育服务经费，例如危房改造及维修经费、教师基本工资等分别由特定层级的政府承担。

《关于深化农村义务教育经费保障机制改革的通知》明确了各级政府在教育投入中的责任，同时规定了针对东、中、西部各地区在确定预算内生均公用经费、农村中小学校舍维修改造项目以及免除学杂费所需经费项目上中央政府与地方政府的分摊比例。但我国县级政府财政收入有限，难以承担义务教育服务均等化的重任，虽然中央政府不断增大对县级政府财政转移支付的力度，但是仍然难以满足义务教育服务的发展要求，推进义务教育服务均等化需要提高中央政府与省级政府的财政投入比例。实际操作过程中坚持因地制宜，经济发达地区实行地方财政投入为主、中央财政投入为辅的分担制度，经济中等发达地区实行中央财政与地方财政对等的分担制度，经济欠发达地区实行中央财政投入为主、地方财政投入为辅的分担制度。

各级政府在明确事权的基础上，进一步细化省、市、县三级政府的义务教育经费分担比例。具体来说，省级政府根据中央政府制定的教师工资基本标准、学校办学条件基本标准、生均公用经费基本标准，制定与本省实际相一致的具体标准，明确规定省级政府和市级政府对县级政府的财政转移支付比例、省级政府对中央政府财政转移支付的配套比例、县级财政收入用于支付教师工资的最低比例等。县级政府每年必须将一定比例的财政收入用于义务教育服务，若县级政府自身能够满足本县内义务教育服务的发展需求，其他各级政府可以不再给予财政资金支持；若不能满足县域内义务教育服务的发展要求，省级政府和市级政府有责任按规定比例给予资金支持。

从经费支出项目看，人员经费在义务教育服务经费支出中的比重最大，通常在80%左右，大体相同的人员经费是义务教育服务均等化的重要基础，如果中央政府完全负责人员经费，则可以充分减小区域间人员经费的差距。公用经费在义务教育服务经费中的比重较小，却是学校正常运转的重要保障，可以选择由县级政府负责。基建经费规模较大，县级政府的财力往往难以承担，可以选择由中央政府和省级政府共同分担。

三、完善义务教育服务财政转移支付制度

财政转移支付是各级政府或同级政府间通过财政资金的无偿拨付来调节各预算主体收支平衡的方式，目的在于平衡各级政府的财力差异，以实现各地公共服务均等化，有关财政转移支付的法律、法规、政策以及与之相关的行为规范则构成了财政转移支付制度。

政府间转移支付主要有纵向、横向和纵横结合三种模式。纵向模式，即中央政府对地方政府、上级政府对下级政府的转移支付，实现各级财政自上而下

的纵向平衡，相反的情况并不多见，只有极少数国家存在着下级政府对上级政府的转移支付。横向模式，即由富裕地区将其部分富裕财力直接转移给贫困地区，其中不涉及中央政府对地方政府的转移支付，主要实行地区间互助，调节财政收支的横向不均衡。纵横结合模式是纵向转移与横向转移相结合，在中央政府对地方政府给予转移支付的基础上，地方政府之间也存在财政资金的横向转移。目前世界上大多数国家的转移支付制度都是采取以纵向转移为主的模式，只有少数国家注重地区间横向转移。

我国地区间资源禀赋差异很大，东部、中部和西部地区的经济发展能力也不相同，导致东部、中部和西部地区筹集财政收入的能力差异较大，从而进一步导致地区间基本公共服务的供给能力相差悬殊。尽管中央政府实行税收返还、一般性转移支付和专项转移支付等政策缩小地区间财政能力差异，但是转移支付制度的不完善和不合理大大削弱了财政均等化的效果。因此，有必要逐步采取措施优化转移支付制度，促进地方政府的财政能力大致平衡。

（一）探索建立纵横结合转移支付模式

在中央政府财力有限且东部、中部和西部地区存在较大经济发展差距的情况下，仅采用纵向转移支付制度使得转移支付方式过于单一，不利于保证义务教育服务均等化的实现。如果对纵向转移支付制度加以补充，探索建立合理的横向转移支付制度，过渡到纵横结合转移支付模式，既不会减弱中央政府的宏观调控能力，又能充分利用地方政府的剩余财力。德国政府间转移支付的突出特点是实行纵向转移支付和横向转移支付相结合的模式，而且横向转移支付制度在德国政府间转移支付体系中发挥着不可替代的作用，横向转移支付的内容主要是州际财力均等化转移支付，由富裕州向一个“均等化基金”贡献财政收入，落后州从此基金获得拨款。德国宪法规定州际财力均等化转移支付制度应该对各州的财政收入进行调整，以保证各州财政能力的平衡，同时对面临特殊负担的州提供补助。另外，德国增值税制度客观上也具有横向均等化的效果，与其他国家不同的是，增值税的分享比例由中央政府和地方政府协商决定，而不是固定的，不同的年份存在差别，增值税的协调分配也有利于平衡各州财力。我国可以借鉴德国模式科学测算横向转移支付的规模，从经济发达区抽调部分财力支援民族地区、边疆地区、革命老区等贫困地区，逐步缩小地区间的财力差距，进而保证全国相同的义务教育服务供给能力。

（二）逐步缩小税收返还规模

为减少分税制改革的阻力和维护社会的稳定，我国在确立分税制财政体制时建立了税收返还制度，中央政府对地方政府上划的税收收入按基期年如数返还，并进行逐年递增，税收返还制度一定程度上减小了部分地区对分税制改革的抵触情绪，缓解了中央政府和地方政府之间的财权划分矛盾。然而随着经济规模的不断扩大，税收返还制度的缺陷日益暴露，导致上缴税收收入越多的地区得到税收返还数额越多，上缴税收收入越少的地区得到税收返还数额越少，从而形成了恶性循环，导致富裕的地区更加富裕，贫穷的地区更加贫穷，拉大了地方政府间的财力差距。与东部地区相比，我国西部地区经济基础薄弱，财政收入增长缓慢，如果在相同的税收返还比例下，获得的税收返还数额较少，提供公共服务的能力也较差。税收返还制度实际上发挥着“逆均等化”的作用，成为我国义务教育服务均等化道路上的“绊脚石”。税收返还数额在政府间转移支付中的数额较大、比重较高，2008 年税收返还数额占中央政府对地方政府转移支付总额的 24. 61%，2012 年这一比例降为 13%[①]，说明我国转移支付结构不断优化，但仍需要继续缩小税收返还规模，甚至在具备条件时取消税收返还制度。

（三）增加一般性转移支付规模

一般性转移支付的主要目的是实现各级政府的财力均衡，并没有明确规定财政拨款的使用范围和具体用途，受援地方政府可用该项资金弥补其一般预算的缺口。一般性转移支付在促进基本公共服务均等化过程中发挥着重要作用，但是在转移支付总额中的比重较小，严重削弱了中央政府平衡地方财政差异的能力，也降低了地方政府提供公共服务的自主性。2012 年，一般性转移支付金额在中央政府对地方政府转移支付总额中的比重为 56. 44%，专项性转移支付的比重为 43. 56%。[②] 比重过大的专项性转移支付挤占了一般性转移支付的空间，

---

① 比重根据财政部公布的《关于 2008 年中央决算的报告》计算得到。
② 比重根据《2012 年中央对地方税收返还和转移支付决算表》计算得到。

专项性转移支付往往要求地方政府提供配套资金，导致贫困地区无力参与配套补助的公平竞争，便不能发挥转移支付制度平抑区域间义务教育服务差距的作用。2012 年，我国义务教育服务转移支付在一般性转移支付的比重仅为 7.45%，导致义务教育服务转移支付平衡各地区义务教育服务财政能力差异的作用受到限制。[①] 从实现区域义务教育服务均等化的角度出发，应该逐步提高一般性转移支付在政府间转移支付中的比重，使其成为财政转移支付的最主要形式，并根据地区人均财力和生均义务教育服务经费保障标准等因素准确测算义务教育转移支付规模，保证地区间义务教育财政能力的大体相等，为义务教育服务均等化提供条件。

（四）规范专项转移支付制度

专项转移支付明确规定了财政拨款的使用方向和具体用途，受援地方政府必须按规定要求使用该项资金。在经济发展水平较低、基本公共服务没有充分覆盖的情况下，专项转移支付在促进基本公共服务均等化过程中发挥着不可替代的作用，能够解决地方公共商品收益外溢的问题。然而我国专项转移支付种类繁多，缺乏实施专项转移支付的具体标准，在项目选择上具有较大的随机性，资金配置缺乏科学依据。通常来看，列入专项转移支付的项目应该具有外部性、突发性、特殊性、非固定性等特征，像义务教育服务、公共卫生服务、社会保障服务和一般性的扶贫支出都不应列入专项转移支付的范畴。因此，要逐步清理效果不佳、缺乏规范性的专项转移支付项目，严格控制专项转移支付的规模，使专项转移支付在财政间转移支付制度中仅发挥辅助作用。列入专项转移支付的项目必须经过充分、周密、严谨的论证，加强对专项转移支付项目的监督检查和绩效评估，杜绝财政资金被截留和挪用的现象。

（五）改进财政转移支付的计算方法

我国确定转移支付数额的主要方法是“基数法”，其缺陷在实际操作中逐渐显露，不能科学合理地分配财政资金，难以满足地方政府真实的财力需要，也不利于发挥转移支付制度平衡地方财力的作用。我国应该采用均等化效果比较

---

① 比重根据《2012 年中央对地方税收返还和转移支付决算表》计算得到。

明显的“因素法”。“因素法”的关键在于总结影响地方财政收支的各种因素，科学测算地方政府的“标准支出”与“理论收入”，两者的差额便为中央政府转移支付的数额。影响地方财政支出的主要因素包括人口数量、土地面积、人均耕地、人均国民收入、民族成分、自然资源和社会发展情况等，按它们影响程度的大小确定各自的权重，并根据权重确定“标准支出”。影响财政收入的主要因素包括理论税基、法定税率和纳税遵从度等，“理论收入”等于三者的乘积。即使在地方政府“标准支出”与“理论收入”相同的情况下，地方居民对公共服务的需求偏好以及地方政府提供公共服务的成本也可能不同，那么“因素法”还要考虑人口密度、人口结构、城市化程度、公共服务外部性等因素的影响。“因素法”确定中央政府转移支付数额时具有客观、统一的标准，但实行起来技术要求高、操作难度大，因而需要总体设计，分步实施，逐步推进，并在运用过程中根据实际需要不断完善，使之更加科学合理。

（六）丰富财政转移支付资金的管理模式

如何管理义务教育服务财政转移支付资金对促进义务教育服务均等化至关重要，国际上对财政转移支付资金的管理有专款模式、项目管理模式和绩效管理模式三种。专款模式指定了转移支付资金的具体用途，不能挪作他用，比如用于校舍建设、师资培训、购买教学设备等。项目管理模式是由项目预算发展而来的，转移支付资金只用于某个具体项目，项目竣工验收，资金拨付随之结束。绩效管理模式根据相关客观指标决定转移支付资金的拨付情况，达到客观指标要求全额拨付财政资金，不能达到客观指标要求的，作相应扣减处理。对义务教育服务财政转移支付资金来说，绩效管理考核指标可以包括量的指标和质的指标两方面，量的指标可以是义务教育入学率，对义务教育入学率提升较快或者义务教育入学率稳定在标准以上地区给予优先补助；质的指标可以是义务教育合格率，义务教育合格率较高说明教学质量好，可以给予优先补助加以鼓励。一般来说，绩效管理模式对财政转移支付资金的使用效率更高，我国应该尝试对义务教育财政转移支付资金实行绩效管理模式。

第三节　加强义务教育服务均等化的法律体系建设

历经多年发展，我国已经基本形成以宪法为基础、以义务教育法为核心、以教育行政法规为框架、以教育规章为主要组成部分的教育法律体系。但是在促进义务教育服务均等化方面，与西方发达国家相比，我国教育法律体系还有待加强。

一、制定义务教育服务均等化的法律法规

2006 年新《义务教育法》修订以来，中央政府还未制定与其相配套的行政法规和部门规章，地方政府制定与其相配套的地方法规的行为也不多见，导致教育法律法规的颁布实施滞后于现实教育发展的实际需要。例如为解决义务教育服务经费投入严重不足的问题，我国可以制定专门法律，根据各地区发展的不同实际，在充分调查研究的基础上，制定最低的国家标准，并规定财政收入增长部分首先用于教育服务的比例；为解决地方政府挤占、挪用、乱用、滥用义务教育服务资金的行为，可以制定专门的义务教育服务资金管理法，加强义务教育资金使用的审批和公开制度；为解决教师工资待遇问题，可以制定专门的教职员法，给予从事义务教育工作的教师公务员身份，提高义务教育教师的社会地位和工资待遇，但是必须要求这些教师服从政府的统一调度和安排。鉴于我国义务教育法律体系覆盖面较小的现实，我国应当加强学校管理、教师管理、学生管理、考试管理等方面的法律法规建设，形成以新《义务教育法》为支撑的义务教育均衡发展的法律体系。

二、制定禁止学校乱收费的相关法律

教育乱收费现象屡禁不止，与国家实行九年义务教育免费制度相背离，社会关注程度较高，反响也十分强烈。在现实生活中，教育乱收费的种类比较多，比较常见的类型就是择校乱收费和补课乱收费。我国教育资源有限，难以满足所有义务教育阶段入学儿童对教育资源的需求，导致我国普遍出现“择校热”的问题，家长为孩子选择好的学校并不容易，通常会向学校缴纳数量较多的赞助费和管理费等，由于学校的声誉和教学质量不一样，赞助费和管理费的数额也不一样，稍好一些的学校赞助费和管理费价格不菲，明显超出普通家庭的负担能力，导致只有家庭条件好的学生才能读得起好学校，产生学生间的教育代际不公平，与义务教育服务均等化的目标背道而驰。补课乱收费的现象也很突出，学校或老师在正常的教育时间以外为学生辅导功课，并收取较大数额的补课费用。补课之所以在我国比较流行，是因为我国教育资源不足，学生升学压力较大，教育市场竞争激烈，学校为提高升学率，加强自己的社会声望，强迫学生补课，并收取规模较大的补课费。有些老师为了增加收入，也打着补课的名义，收取很高的补课费，从而在班级生活中为部分补课学生提供便利，且教师收取的补课费往往大幅超过自身的工资，强力刺激义务教育教师“创收”。虽然教育部也制定了制止乱收费现象的措施，如2012年的《治理义务教育阶段择校乱收费的八条措施》，但是这些措施可操作性差，多为原则性的制度条文，缺少具体化和规范化。例如只强调落实组织领导，落实治理责任，却未明确规定相关责任人违反规定应该承担的法律后果，也就给义务教育服务问责制度带来不确定，容易减轻学校和相关负责人的责任，造成法律责任追究“软化”问题。像这些乱收费的现象都应该通过法律形式条条规范、明确禁止，加强义务教育法律法规的可操作性。

三、完善义务教育的司法监督制度

任何法律的实施，都需要执法主体和监督主体相互配合。促进义务教育服务均等化也离不开司法监督和司法保障，切实保障公民享受义务教育的权利，司法制度必须明确责任追究的对象、程度、范围等。当公民的教育权遭到侵犯时，法律程序和执行过程务必保持公开公正。对教育政策的执行和落实情况进行全面跟踪和监督，依法裁定教育制度是否合理合法，是否需要不断完善。我国教育制度司法监督十分欠缺，在今后的教育实践中，应加强行政复议制度和行政申诉制度建设。另外，我国公民教育权利难以获得司法救济，教育实践中始终忽视教育权利的程序保障，我国可以逐渐建立起宪法诉讼制度和行政诉讼制度。当公民的教育权遭到侵犯时，在通过其他所有途径都难以得到切实保障的情况下，普通民众有权利提起宪法诉讼，从根本上保证公民享有基本的义务教育权利。针对各级行政机关和教育部门不履行促进义务教育服务均等化的职责时，社会公众可以进行相关的行政诉讼，从而为保障公民的教育权提供手段和途径。

四、加强特殊教育的法律法规建设

残疾人接受义务教育服务面临的困难较大，需要政府给予特殊关注，更需要相关的法律法规进行保障。目前我国对残疾人等弱势群体的特殊立法存在层次低、规定内容不全面等问题，政府应当加强特殊教育立法，保障残疾人等的教育权利。《中华人民共和国宪法》将特殊教育对象定义为盲、聋、哑等残疾的公民，2006 年新《义务教育法》将特殊义务教育对象定义为视力残疾、听力残疾、语言残疾、智力残疾的儿童。我国特殊教育的专门法规是《残疾人教育条例》，属于部门规章，立法层次较为低下，缺乏建立法律的权威性，难以取得较好的实施效果。我国应逐渐改变教育部门以“通知”等形式下达的制度规定，相应提高立法层次，并建立统一协调的法律体系。对现有法律进行查漏补缺，坚持特殊照顾原则，把残疾人平等享受义务教育服务纳入国家法制化轨道，建立和完善特殊教育制度规定，包括特殊教育主体的明确界定，对特殊教育主体的入学形式、教育学习形式、教育效果评价等进行详细说明。增强特殊教育法律法规的落实力度，立法过程中避免形式主义，减少模糊性和含糊性的规定，将法律条文充分具体化。

五、加强义务教育的预算管理与财政监督

我国在财政制度方面的法律法规自身就比较缺乏，专门针对义务教育服务的财政法律更为稀少，为改变这种义务教育方面财政法规匮乏的现状，政府推进义务教育服务均等化，需要加强财税方面对义务教育服务的专门立法，从而加强对义务教育服务的财政管理。

（一）强化义务教育财政预算管理

良好的制度不仅需要目标准确、设计合理，而且需要具有操作性。在完善义务教育服务财政保障机制的同时，必须考虑如何加强义务教育服务的预算管理，不断提高财政资金的使用效率和支出效果。我国义务教育服务预算管理在运行过程中存在许多问题：编制审批不规范，部分学校预算学生数与实际学生数严重不符，往往是预算上显示的学生数远远高于实际人数；编制方法不科学，通常采用简单的基数法，在上年度数值的基础上，对财政下达的控制数略加修改，导致预算编制的随意性；预算科目缺乏细化分类，预算支出用途不详细，存在很多游离于预算之外的不合理支出，资金的流向与控制脱节；预算约束软化，随意增加收入、追加支出，执行流于形式，年中调整预算的做法比比皆是，预算收支缺乏统一严格的筹划和控制。因此，财政部门需要普及义务教育预算编制方法，加强对教育部门的业务指导，规范编制流程，提高学校预算编制水平。学校将所有办学经费纳入预算，采用“零基预算法”，坚持按照“两上两下”程序编制预算。预算一经批复，严格按照预算收支科目执行，不得随意变更和调整，实行专款专用。在农村继续推进“校财局管”的财务管理体制，全面编制中小学预算，健全预算资金支付管理制度，保证资金使用规范、及时、有效，杜绝挤占、挪用教育经费现象。

（二）完善义务教育国库集中支付制度

全部义务教育服务专项资金都应该通过国库支付系统进行结算，不断减少义务教育服务专项资金在国库支付系统外循环的现象。按照财政部关于国库集

中支付制度改革“横向到边，纵向到底”的要求，在改革农村义务教育服务经费保障制度时，切实做好将改革不断向乡镇延伸的工作，最终将农村中小学教育经费全面纳入国库集中支付系统，从根本上减少农村义务教育经费被截留和挪用的现象，如实行农村中小学教师工资由国库集中支付系统发放，由银行将岗位工资、薪级工资、绩效工资和津贴补助等直接划入教师账户，避免农村教师工资被政府部门、教育部门或者所在学校挤占和挪用，同时也有利于防止学校挪用公用经费发放福利和奖金，保证公用经费维持学校的正常运行。另外，也可以通过国库集中支付系统直接拨付寄宿生生活补助资金和免费提供教科书的财政资金。

（三）健全财政转移支付制度的法律规范

我国财政转移支付制度相关法律层次低、权威性不足，缺乏规范性和透明度，需要用法律制度加以规范。可以在《预算法》中增加有关财政转移支付制度的专门条款，制定有关财政转移支付的单行法规。中央政府和地方政府的事权界定和收入划分标准可以通过立法形式予以明确规定，明晰财政转移支付的政策目标、资金来源、分配标准、分配程序等，将相关程序的规定上升至法律层面，增加转移支付制度的可操作性和规范性，保证中央政府的财力主导地位和地方政府的财政自主权。完善的法律制度有利于规范各级政府的财政转移支付行为，将全部财政转移支付资金落到实处，防止主观性、盲目性和随意性，保证财政转移支付制度拥有可靠的法律依据，尤其需要科学、合理、明确规定财政转移支付资金的拨付程序和过程，努力扭转财政法制建设落后于公共财政体制建设的局面。增加转移支付制度的透明度，彻底改变过去主观决策、暗箱操作的做法，坚持向社会公开转移支付的标准确定、公式设计以及资金支付的各个环节。只有以法律形式明确规定财政转移支付制度的各个环节，赋予其相应的法律地位，才能增加财政转移支付制度的公开性、透明性、稳定性、合理性和权威性，减少人为主观因素的干扰，保证财政转移支付制度的正常运行。

（四）增强财政转移支付的监督力度

“徒法不足以自行”，任何制度的建设与完善，都不能单单依靠法律的颁布，还需要建立监督体系来保障法律的实施。当前我国财政转移支付制度仅依靠财政部门和审计部门的内部监督，而健全的法律监督体系应该具有全面的监督主体，包括立法监督、司法监督、行政监督与社会监督等。首先，加强人大立法监督，明确义务教育财政转移支付资金的拨付标准、支付规模以及具体用途，指明违规使用转移支付资金需要承担的法律责任，并通过司法监督的方式依法审理相关责任人，促进各级政府规范使用转移支付资金。其次，在社会监督方面，鼓励民主党派、社会团体、新闻媒体以及人民群众对违反转移支付制度的相关行为进行检举和揭发，同时将义务教育经费投入以及使用情况定期地向人民群众公开，尽最大努力培养社会公众的参与热情，扩大社会公众对于义务教育服务经费的知情权和监督权。再次，可以借鉴发达国家转移支付制度的先进经验，设立专门的决策机构和执行机构，只负责转移支付资金的分配、划拨、管理与执行，根据专门的计算标准，详细分析各个地区的经济状况和执行能力，充分实现转移支付资金的使用价值。最后，有必要建立各级政府执行义务教育转移支付情况的指标考核体系，从而客观评价各个地区义务教育服务的发展水平，并将义务教育财政转移支付的资金投入以及使用管理情况作为考核地方领导政绩的重要指标，将义务教育财政转移支付资金的投入责任以及使用管理职责落实到相关责任人。

第四节　促进义务教育服务均等化的其他财政措施

促进义务教育服务均等化的财政保障机制包括教育财政制度的各个方面，前三节中分别阐述了完善义务教育服务均等化的经费投入机制、优化义务教育服务均等化的财政管理体制、加强义务教育服务均等化的法律体系建设，限于其他财政措施点多面广，难以自成体系，统一将这些零散的财政措施在本节中表述。

一、完善现行税收制度，设立支持义务教育发展的专门税种

各级政府拥有充足的财力，是义务教育服务经费分担机制能够正常运行的

保障。分税制改革使“财权上移”，中央政府占据了税源相对集中、容易征收的税种，把税源相对分散、不容易征收的税种留给了地方政府，导致地方政府财政收入不足。许多地方政府根本没有足够的财力支持义务教育服务发展，只能维持较低的义务教育服务水平，出现这种现象的原因是地方政府的事权与财权极不匹配，地方政府财力严重不足，增加地方政府财力需要进一步完善分税制财政体制，在税制设计上增强地方政府筹集财政收入的能力。

（一）调整税收管理权限

分税制改革之初下放地方税收管理权限的承诺一直没有得到落实，中央政府始终掌握着税收立法权、税收法律法规的解释权、税种的开征或停征权、税目和税率的调整权、税收的加征和减免权，地方政府只有制定地方税种实施细则的权利。从我国现状来看，义务教育服务主要由地方政府来提供，地方政府比中央政府更加清楚本区域民众的义务教育服务需求，有必要合理调整中央政府和地方政府的财政收入划分，赋予地方政府一定的税收管理权，提高地方政府筹集财政收入的能力。具体来说，对宏观经济影响大、全国统一开征的地方税种如营业税，可以由中央掌握税收立法权和税收管理权，在不违背中央统一规定的前提下，赋予地方政府一定程度的政策调整权；对于纳税环节比较复杂、税源零星分布、征收成本较高的地方税种，如城镇土地使用税、车船使用税、印花税、契税等小税种，可将立法权、征收权、管理权赋予地方政府。最后，中央政府加强对地方政府税收立法权的监督和管理，把税收立法权下放到省级政府，且省级政府在行使税收立法权时，不得损害中央政府和当地居民的利益。

（二）调整优化税制结构

流转税在我国税制结构中具有无法动摇的地位，2013 年我国税收收入 110 497亿元，其中国内增值税 28 803 亿元，国内消费税 8 230 亿元，营业税 17 217 亿元，进口货物增值税、消费税 14 003 亿元，关税 2 630 亿元，流转税在税收收入中的比重为 64. 15% 。[①] 当经济活动跨越行政边界时，流转税因地区间的产业联系而引发税收收入的地区转移，使税收征收地和经济活动发生地相背

① 数据源于财政部国库司：《2013 年财政收支情况》。

离。以增值税为例，如果产品在甲地区生产，在乙地区销售，由于增值税具有向前转嫁的特点，乙地区的居民承担了税收，但是税收收入却由甲地区获得，扩大了地区间财政收入的差距。我国东部地区制造业发达，是产品的净流出地，实现增值税收入的规模较大，而中西部地区为产品的净流入地，理所当然承担了大部分税收，却享受不到基本的公共服务，难以体现税收的公平原则。因此，我国应该进行必要的税制改革，适当提高所得税在税收收入中的比重，充分发挥所得税不易转嫁的特点。

（三）培育地方主体税种

地方政府缺乏主体税种是地方政府财力不足的重要原因，尤其县级政府表现的更加突出。增加地方政府的财政收入，必须为地方政府开辟稳定的税源。地方主体税种应具备以下特征：第一，税基不容易流动，防止税收流失和资源扭曲；第二，课税对象的收益程度与地方公共服务水平密切相关；第三，税基比较广泛，收入比较稳定；第四，地方政府征管比中央政府效率高。借鉴发达国家经验，应将财产税培育为地方政府的主体税种，财产所有人是地方基本公共服务的主要受益者，理应承担公共服务的供给成本，财产的非流动性可以使财产税成为地方政府稳定的收入来源，不像土地出让金那样在出让土地时一次性收取，缺乏连续性。再者，财产税具有良好的收入弹性，随着地方基础设施建设的不断完善，财产税税基将会不断扩大，地方政府收入随之“水涨船高”，保证地方政府提供公共服务的财力，形成良性循环。另外，适时开征遗产税和赠与税，防止财富的代际转移，更好地调节贫富差距，也可以弥补地方政府财力的不足。

（四）设计专用教育税种

我国 1994 年实施分税制改革后，中央政府的财力明显得到加强，地方政府财力却受到不同程度的削弱，用于义务教育服务的财政支出十分有限。面对不断增长的义务教育服务需求，如何增加地方政府的财政收入受到国际社会的广泛关注。目前，美国和巴西均设计了用于促进义务教育服务发展的专门税种，美国将财产税收入专门用于学区义务教育经费支出，巴西把工业产品税、商品与服务流通税用于义务教育经费支出。在促进义务教育服务均等化过程中，我国应借鉴美国和巴西经验，设计支持义务教育服务发展的专门税种，形成义务教育服务经费的稳定来源。鉴于我国目前教育经费比较零散、混乱的发展现状，可以适时将城市教育费附加、农村教育事业费附加、其他教育费和教育部门自筹经费等教育事业收费改为教育税，并保障教育税的专款专用。

（五）转移税收优惠政策

充分发挥税收政策的调节作用，对经济发展落后地区给予税收政策倾斜，促进落后地区经济的发展。改革开放之初，为引进先进技术和人才，国家对东部沿海地区给予大量的税收优惠政策，极大促进了东部地区的发展，拉大了东部地区与西部地区经济发展的差距。为扭转“东强西弱”的局面，需要与时俱进地调整税收优惠政策导向，将税收优惠政策从经济发达的东部沿海地区转移到经济欠发达的内陆地区，尤其是资源丰富的西部地区，在税收优惠政策上鼓励内陆地区吸引资金和技术，以更好地发展经济，从而增加内陆地区的财政收入，使地方政府有更多的资金可以投入到义务教育服务中来，让内陆地区的学龄儿童充分享受到与东部沿海地区相同的义务教育服务资源。

二、拓宽教育经费的筹集渠道，鼓励社会资金参与

随着义务教育服务需求的增加和教育服务质量的提高，各级财政难免出现义务教育经费短缺问题。广泛吸纳社会资金是弥补义务教育经费不足的重要途径。

（一）鼓励义务教育捐赠

为更好地实现义务教育经费公平，应该积极引导社会、企业和个人为贫困学生提供资金支持。目前我国缺乏义务教育捐赠的具体制度，今后可以通过税收优惠政策促进对义务教育服务的捐赠，只要税收政策引导得当，就可以使社会捐赠成为义务教育服务资金来源的重要途径，进而为义务教育服务提供更多的资金支持。我国现行税收政策对义务教育捐赠的激励作用十分有限，对于企业的义务教育捐赠支出，可以加大税前扣除比例。同时对社会各界捐赠款项按

目的和用途进行分类，成立义务教育服务均等化调节基金，主要为财力差的地区提供资金支持，以平衡地区间义务教育投入差异。

（二）发行义务教育公债

在各级财政性经费难以满足义务教育服务发展要求的情况下，可以凭借国家信用，并以财政收入作担保向国内外发行义务教育专项公债，从而为财力不足地区提供资金支持。我国债券市场正逐步成熟，具有创新国债品种的基础条件，发行义务教育专项公债有利于丰富国债种类，也可以将社会闲置资金集中起来用于发展义务教育服务。公债资金在使用上可以作为义务教育服务均等化的调节资金，由中央政府进行统一调控和使用，用来平衡义务教育服务发展的横向和纵向差异。

（三）探索发行教育彩票

我国彩票市场运行机制相对完善，主要有福利彩票和体育彩票两大种类。据财政部统计，2018 年全国共销售彩票 5 114.72 亿元，同比增加 848.03 亿元，增长 19.9%。其中，福利彩票机构销售 2 245.56 亿元，同比增加 75.79 亿元，增长 3.5%；体育彩票机构销售 2 869.16 亿元，同比增加 772.23 亿元，增长 36.8%。[①] 说明我国彩票市场具有较大的发展空间，探索发行教育彩票切实可行。通过发行教育彩票筹集民间资金，成立专门的教育基金，重点用于弥补农村地区和欠发达地区义务教育财政资金不足。

三、倾向扶持弱势地区与弱势群体，探索“教育券”制度

根据罗尔斯的最大最小值规则，社会福利水平只取决于社会处境最差的社会成员的效用水平，那么财政性义务教育服务经费也应该重点投向弱势地区和弱势群体，从而解决义务教育服务的纵向公平，也有利于在更大范围内实现义务教育服务的财政均衡。针对农村地区贫困人口、少数民族儿童、残疾儿童以

① 数据来自财政部门户网站信息公开。

及下岗工人子女和城市务工人员子女等弱势群体实行特殊的扶持政策。虽然“希望工程”、扶贫基金会等项目在帮助弱势地区和弱势群体方面发挥了巨大作用，但是补偿力度难以达到消除义务教育服务发展不均衡的要求，政府应该在补偿弱势地区和弱势群体方面承担更多的责任。

（一）设立义务教育“优先发展区”

我国少数民族地区经济发展落后，财政能力严重不足，一定程度上制约了义务教育服务的发展。我国可以借鉴义务教育服务均等化的国际经验，探索在少数民族地区建立义务教育服务“优先发展区”，同时根据这些地区的实际情况，设计因地制宜的义务教育服务财政政策。法国已经实行了教育“优先发展区”的政策，优先支持落后的农村地区和欠发达地区发展义务教育，实行相对集中的财政供给模式，保证弱势地区充足的义务教育经费供给。我国可以效仿这一做法，在全国范围内优先保证少数民族地区的义务教育经费供给，各省级政府也可以根据本省的实际情况，合理规划义务教育“优先发展区”，并给予财政资金的大力倾斜。

（二）为农民工子女提供入学保障

处在义务教育阶段的农民工子女人数众多，为这一群体提供有保障的义务教育服务势在必行。农民工子女受教育机会不平等，就学过程也不平等，他们不得不在城市公办学校借读，不得不缴纳高昂的借读费，而且经常被“插班”或“单独编班”，难以享受与城市学生相同的待遇。因此，应该加快把农民工子女纳入城市义务教育工作范畴，建立农民工子女义务教育经费的保障机制，逐渐把农民工子女的义务教育经费纳入流入地政府的教育财政预算，免收农民工子女的借读费，对接受农民工子女的学校按照生均人员经费和公用经费给予补助。

（三）适时探索“教育券”制度

“教育券”是由美国经济学家米尔顿·弗里德曼提出的，他认为政府应该改变对公立学校的补助方式，可以将生均教育经费以“教育券”形式直接发放给每一位学生，学生凭借“教育券”选择自己认可的学校就读，学校获得“教育券”后可以兑换成等值的货币。我国可以探索实施省内义务教育的“教育券”制度，促进义务教育服务提供单位进行良性竞争，提高义务教育服务的质量。在实行义务教育的“教育券”时要均衡教育资源，不论公立学校还是私立学校，达到规定要求都可实行“教育券”制度。“教育券”面值相同，使城乡学生在一定程度上实现教育资源公平，也可以鼓励企业和个人通过购买“教育券”的形式对家庭困难子女进行支持。

参考文献

[1] 安晓敏:《我国义务教育经费配置公平性的实证研究》，载于《东北师范大学学报》(哲学社会科学版) 2007 年第 4 期。

[2] 安彦林:《我国义务教育财政投资的结构分析》，载于《财政与税务》2005 年第 4 期。

[3] 白景明:《应从投入产出关系角度分析政府运行成本高低》，载于《中国财政》2008 年第 19 期。

[4] [英] C. V. 布朗、P. M. 杰克逊:《公共部门经济学——财政学系列》(第四版)，张馨主译，中国人民大学出版社 2000 年版。

[5] 蔡红:《英、日、美、中义务教育财政制度百年变迁及启示》，载于《宏观经济研究》2009 年第 12 期。

[6] 曾满超、丁小浩:《效率、公平与充足——中国义务教育财政改革》北京大学出版社 2010 年版。

[7] 常万新、黄育云:《公平和效益: 义务教育财政转移支付的依据》，载于《教育与经济》2002 年第 4 期。

[8] 常修泽:《公共服务均等化亟须体制支撑》，载于《刊授党校 (学习特刊)》2007 年第 4 期。

[9] 陈书全:《论义务教育公共服务均等化政策取向——以山东省为例》，载于《山东社会科学》2011 年第 5 期。

[10] 陈永明:《七国教育财政比较及反思》，载于《外国教育经济研究》2003 年第 3 期。

[11] 陈志勇、张明喜:《地方财政支出结构优化: 理论模型与实证分析》，载于《财政研究》2006 年第 9 期。

[12] 成刚:《省内义务教育财政公平研究——基于西部某省小学数据的经验分析》，载于《清华大学教育研究》2008 年第 10 期。

[13] 成刚:《中国教育财政公平与效率的经验研究》,知识产权出版社2011年版。

[14] 褚萍:《我国义务教育财政转移支付制度的优化与重构》,载于《内蒙古师范大学学报》(教育科学版)2006年第1期。

[15] 崔惠玉、刘国辉:《基本教育公共服务均等化研究》,载于《财经问题研究》2010年第5期。

[16] 邓子基、唐文倩:《教育获得方差的经济增长效应——来自中国多省份的经验证据》,载于《厦门大学学报》(哲学社会科学版)2010年第6期。

[17] 丁建福、成刚:《义务教育财政效率评价:方法及比较》,载于《北京师范大学学报》2010年第2期。

[18] 丁延庆、薛海平、王莉红:《"农村义务教育经费保障新机制"改革效果初探》,载于《教育与经济》2008年第4期。

[19] 丁元竹:《促进我国基本公共服务均等化的对策》,载于《宏观经济管理》2008年第3期。

[20] 董新良、肖军虎:《义务教育经费财政转移支付量化研究》,载于《教育与经济》2007年第1期。

[21] 杜鹏:《基于基尼系数对中国学校教育差距状况的研究》,载于《教育与经济》2005年第3期。

[22] 杜育红:《中国义务教育转移支付制度研究》,载于《北京师范大学学报》(人文社科版)2000年第1期。

[23] 凡勇昆、邬志辉:《义务教育均衡发展的三个基本理论问题探讨——基于联合国开发计划署〈人类发展报告〉的省思》,载于《理论探索》2014年第1期。

[24] 樊继达:《公共经济视角下的城乡义务教育:差距及收敛》,载于《中央财经大学学报》2009年第9期。

[25] 樊勇明、杜莉:《公共经济学》,复旦大学出版社2001年版。

[26] 范丽萍、李祥云:《我国义务教育经费保障"新机制"分析》,载于《中南财经政法大学学报》2010年第5期。

[27] 范先佐:《教育经济学》,人民教育出版社2001年版。

[28] 冯学军:《中国义务教育财政投入不均衡问题研究》,辽宁大学博士学

位论文，2013 年。

［29］付卫东、崔民初：《“新机制”实施后农村义务教育经费“挤出效应”研究》，载于《现代教育管理》2010 年第 10 期。

［30］改革开放 30 年中国教育改革与发展课题组：《教育大国的崛起(1978—2005)》，教育科学出版社 2008 年版。

［31］高如峰：《义务教育投资的国际经验》，载于《教育情报参考》2001 年第 3 期。

［32］高如峰：《重构中国农村义务教育财政体制的政策建议》，载于《教育研究》2004 年第 7 期。

［33］龚锋、卢洪友、卢盛峰：《城乡义务教育服务非均衡问题研究——基于“投入—产出—受益”三维视角的实证分析》，载于《南方经济》2010 年第 10 期。

［34］顾明远：《教育大辞典》（增订合编本），上海教育出版社 1998 年版。

［35］郭清扬：《义务教育均衡发展与农村薄弱学校建设》，载于《华中师范大学学报》2013 年第 1 期。

［36］郭伟和：《福利经济学》，经济管理出版社 2001 年版。

［37］郭新华、戎天美：《我国教育对贫困的效应分析》，载于《统计与决策》2011 年第 1 期。

［38］国家人口和计划生育委员会流动人口服务管理司：《中国流动人口发展报告》，中国人口出版社 2010 年版。

［39］郝文武：《平等与效率相互促进的教育公平量化指标和关系状态》，载于《高等教育研究》2010 年第 8 期。

［40］侯慧君：《我国公共教育支出的理论与实践探析》，载于《教育与经济》2010 年第 3 期。

［41］候石安：《中国财政对农业投入的社会效益与生态效益评价》，载于《中南财经政法大学学报》2005 年第 6 期。

［42］胡鞍钢、熊义志：《大国兴衰与人力资本变迁》，载于《教育研究》2003 年第 4 期。

［43］胡德仁、任康、刘亮：《地区间农村小学教育均等化的财政转移支付模型》，载于《地方财政研究》2009 年第 8 期。

[44] 胡伶:《义务教育财政问题与改进》，载于《教育发展研究》2011年第5期。

[45] 胡延品:《政府财力分配与义务教育经费负担主体困境分析》，载于《教育与经济》2003年第4期。

[46] 胡耀宗:《基本公共服务均等化视野下的义务教育政策选择》，载于《清华大学教育研究》2009年第12期。

[47] 胡祖才:《努力推进基本公共教育服务均等化》，载于《教育研究》2010年第9期。

[48] 江文涛、刘秀梅:《中国农村义务教育公共投资地区差异分析》，载于《中国农村观察》2005年第2期。

[49] 蒋有慧、程方生、范忠茂:《关于完善义务教育经费保障新机制若干问题的调查与思考》，载于《教育学术月刊》2008年第1期。

[50] 教育部财政司:《2002—2007年中国教育经费发展报告》，人民教育出版社2009年版。

[51] [英] 杰夫·惠迪等:《教育中的放权与择校》，马忠虎译，教育科学出版社2003年版。

[52] 金含芬:《教育学文集·英国教育改革》，人民教育出版社1993年版。

[53] 金人庆:《国务院关于规范财政转移支付情况的报告》，第十届全国人民代表大会常务委员会第二十八次会议，2007年。

[54] 靳希斌:《教育经济学》，人民教育出版社2001年版。

[55] [美] 科斯等:《财产权利与制度变迁——产权学派与新制度学派文集》，上海三联书店1991年版。

[56] [英] 克里夫·R. 贝尔菲尔德:《教育经济学——理论与实证》，曹淑红主译，中国人民大学出版社2007年版。

[57] 旷乾:《关于将我国农村义务教育的投资主体提升到省级财政的分析》，载于《上海经济研究》2004年第2期。

[58] [印] 拉本德拉·贾:《现代公共经济学》，杨志勇译，中国青年出版社2004年版。

[59] 雷晓康、曲婧:《基础教育公共服务均等化问题研究》，载于《西北大学学报》(哲学社会科学版) 2011年第1期。

［60］李斌：《我国各地区农村基础教育财政投入的比较分析》，载于《中国软科学》2004年第9期。

［61］李春生：《中国小学教学百科全书·教育卷》，沈阳出版社1993年版。

［62］李芙蓉：《我国部分省（区）义务教育财政投入缺口分析》，载于《教育发展研究》2004年第Z1期。

［63］李光龙、陈燕：《城乡义务教育均等化的实证研究——以安徽省为例》，载于《财政研究》2010年第6期。

［64］李红燕：《义务教育财政专项资金的绩效评价指标体系构建及其实施》，载于《西北民族大学学报》2011年第5期。

［65］李慧敏、崔景华：《财政分权与义务教育财政管理体制问题探析》，载于《南京财经大学学报》2004年第5期。

［66］李实：《对基尼系数估算与分解的进一步说明——对陈宗胜教授评论的再答复》，载于《经济研究》2002年第5期。

［67］李霞：《义务教育均衡化发展中的问题及其解决策略》，载于《教学与管理》2018年第7期。

［68］李祥云、陈建伟：《财政分权视角下中国县级义务教育财政支出不足的原因分析》，载于《教育与经济》2010年第2期。

［69］李祥云、祁毓：《中小学学校规模变动的决定性因素：人口变化还是政策驱动？——基于省级面板数据的实证分析》，载于《北京师范大学学报》2012年第4期。

［70］李祥云、魏萍：《财政分权、地方政府行为扭曲与城乡中小学布局调整》，载于《当代财经》2014年第1期。

［71］李祥云：《我国财政体制变迁中的义务教育财政制度改革》，北京大学出版社2008年版。

［72］李祥云：《公共财政框架下我国义务教育财政制度合理安排探讨》，载于《教育与经济》2007年第3期。

［73］李祥云：《关于我国义务教育财政公平问题的探讨》，载于《教育科学》2000年第3期。

［74］李祥云：《论义务教育财政转移支付类型与不同政策目标组合》，载于《教育与经济》2002年第4期。

[75] 李祥云:《美国基础教育财政政策演变及启示》，载于《比较教育研究》2009 年第 2 期。

[76] 李祥云:《税费改革后义务教育维持性支出的地区差异分析——以湖北省为例》，载于《中南财经政法大学学报》2006 年第 5 期。

[77] 李祥云:《义务教育财政转移支付制度：日本与美国模式》，载于《教育与经济》2004 年第 2 期。

[78] 李晓嘉、刘鹏:《财政支出视角下的基础教育服务均等化研究》，载于《财经科学》2009 年第 11 期。

[79] 李贞:《义务制教育的公共产品定位》，载于《中央财经大学学报》2005 年第 4 期。

[80] [美] 理查德 · A. 金、奥斯汀 · D. 斯旺森、斯科特 · R. 斯威特兰:《教育财政——效率、公平与绩效》，曹淑江等译，中国人民大学出版社 2006 年版。

[81] 厉以宁:《关于教育产品的性质和对教育的经营》，载于《教育发展研究》1999 年第 10 期。

[82] 栗玉香、郭庆:《义务教育财政均衡：政策与效果》，经济科学出版社 2009 年版。

[83] 栗玉香:《结果均衡：义务教育财政政策新视角》，载于《教育政策研究》2011 年第 3 期。

[84] 栗玉香:《区域内义务教育财政均衡配置状况及政策选择——基于北京市数据的实证分析》，载于《华中师范大学学报》（人文社会科学版）2010 年第 1 期。

[85] 栗玉香:《我国公共财政框架下的义务教育财政改革》，载于《中州学刊》2003 年第 5 期。

[86] 栗玉香:《义务教育财政均衡效果与政策选择》，载于《中央财经大学学报》2010 年第 1 期。

[87] 梁建华:《国外义务教育财政保障的经验及其对我国的启示》，载于《教育探索》2010 年第 7 期。

[88] 林涛、成刚:《我国教育经费公平程度的经验研究》，载于《统计与决策》2008 年第 6 期。

[89] 林涛、成刚:《我国义务教育财政公平的经验研究》，载于《北京师范

大学学报》2008 年第 3 期。

［90］林育红、孙志军：《中国义务教育财政研究》，北京师范大学出版社 2009 年版。

［91］刘光俊，周玉玺：《财政分权、转移支付与教育服务均等化的关联度》，载于《改革》2013 年第 9 期。

［92］刘国永、马国贤：《我国义务教育财政支出绩效评价研究初探》，载于《江苏教育学院学报》2008 年第 1 期。

［93］刘剑、张筱峰：《我国义务教育财政转移支付的目标框架》，载于《当代财经》2005 年第 3 期。

［94］刘京焕、陈志勇、李景友：《财政学原理》，中国财政经济出版社 2011 年版。

［95］刘立峰：《统筹城乡义务教育投入中的情况、问题和建议——基于广元市义务教育投入情况的调查》，载于《宏观经济研究》2009 年第 2 期。

［96］刘书祥、童光辉：《财政分权、软预算约束与地区间义务教育差异分析》，载于《地方财政研究》2008 年第 3 期。

［97］刘亚荣：《我国义务教育均等化的必要性分析》，载于《财政研究》2010 年第 9 期。

［98］刘雁、王征兵：《我国地区间义务教育经费配置的公平性探析》，载于《中国农业大学学报》（社会科学版）2006 年第 3 期。

［99］刘泽云：《我国教育财政体制中的问题与对策》，载于《中国教育学刊》2003 年第 7 期。

［100］刘泽云：《西方发达国家的义务教育财政转移支付制度》，载于《比较教育研究》2003 年第 1 期。

［101］刘泽云：《政府如何为农村义务教育买单？——农村义务教育财政体制改革新论》，载于《华中师范大学学报》（人文社会科学版）2005 年第 3 期。

［102］刘长生、郭小东、简玉峰：《财政分权与公共服务提供效率研究——基于中国不同省份义务教育的面板数据分析》，载于《上海财经大学学报》2008 年第 4 期。

［103］卢洪友、祁毓：《中国教育基本公共服务均等化进程研究报告》，载于《学习与实践》2013 年第 2 期。

[104] 卢洪友等:《中国基本公共服务均等化进程报告》,人民出版社 2012 年版。

[105] [美] 罗伯特·G. 欧文:《教育组织行为学》(第 7 版),窦卫霖等译,华东师范大学出版社 2001 年版。

[106] 吕炜、刘国辉:《中国教育均等化若干影响因素研究》,载于《数量经济技术经济研究》2010 年第 5 期。

[107] 马国贤:《中国义务教育资金转移支付制度研究》,载于《财经研究》2002 年第 6 期。

[108] 马海涛、向飞丹晴:《完善义务教育财政转移支付制度》,载于《经济研究参考》2011 年第 42 期。

[109] 马峻:《中国预算改革的目标选择》,载于《华中师范大学学报》(人文社会科学版) 2005 年第 5 期。

[110] 宁骚:《公共政策学》,高等教育出版社 2003 年版。

[111] 潘天舒:我国县级义务教育投资的地区差异及其影响因素分析,载于《教育与经济》2000 年第 4 期。

[112] 庞风喜:国际金融危机、国内经济环境与我国税收政策选择,载于《中南财经政法大学学报》2009 年第 3 期。

[113] 蒲蕊、沈胜林:《治理视角下的公共教育服务问题研究》,载于《现代教育管理》2015 年第 6 期。

[114] 瞿瑛:《义务教育均衡发展政策问题研究:教育公平的视角》,浙江大学出版社 2010 年版。

[115] [美] 萨缪尔森、诺德豪斯:《经济学》(第 18 版),人民邮电出版社 2008 年版。

[116] [法] 萨伊:《政治经济学概论》,商务印书馆 1982 年版。

[117] 商丽浩、田正平:《美国州政府的基础教育转移支付制度》,载于《比较教育研究》2001 年第 12 期。

[118] 沈荣华:《各级政府公共服务职责划分的指导原则和改革方向》,载于《中国行政管理》2007 年第 1 期。

[119] 石兰月:《河南省义务教育财政投入现状及对策分析》,载于《中州学刊》2010 年第 7 期。

［120］石绍宾：《城乡基础教育供给均等化研究》，经济科学出版社 2008 年版。

［121］苏明：《中国农村基础教育的财政支持政策研究》，载于《经济研究参考》2002 年第 25 期。

［122］苏武江、高静、黄继生：《基本公共服务均等化：内涵、范围和标准》，载于《改革与战略》2013 年第 3 期。

［123］孙百才：《测度中国改革开放 30 年来的教育平等——基于教育基尼系数的实证分析》，载于《教育研究》2009 年第 1 期。

［124］孙庆国：《论基本公共服务均等化的衡量指标》，载于《中国浦东干部学院学报》2009 年第 3 期。

［125］孙志军、杜育红：《中国义务教育财政制度改革：进展、问题与建议》，载于《华中师范大学学报》（人文社会科学版）2010 年第 1 期。

［126］陶小龙：《教育基尼系数的计算及其分解》，载于《云南财经大学学报》2009 年第 2 期。

［127］［美］托马斯·R. 戴伊：《理解公共政策》，彭勃译，华夏出版社 2004 年版。

［128］完善农村义务教育财政保障机制课题组：《发达国家普及义务教育财政保障机制回顾与比较》，载于《财政研究》2005 年第 11 期。

［129］完善农村义务教育财政保障机制课题组：《发展中国家义务教育财政保障机制的比较与启示》，载于《财政研究》2005 年第 12 期。

［130］汪海燕：《试论我国义务教育财政体制》，载于《当代教育论坛》2006 年第 4 期。

［131］王桂等：《当代外国教育》，人民教育出版社 2001 年版。

［132］王建民：《对陕西省商洛市商州区义务教育保障新机制的思考》，载于《西部财会》2008 年第 12 期。

［133］王金秀、陈志勇：《国家预算管理》，中国人民大学出版社 2007 年版。

［134］王娟涓、徐辉：《国外城乡义务教育均衡发展的经验及启示》，载于《外国中小学教育》2011 年第 11 期。

［135］王强：《国外义务教育财政转移支付模式：比较与启示》，载于《教

育研究》2011 年第 3 期。

[136] 王强：《我国义务教育财政转移支付问题及对策》，载于《教育与经济》2011 年第 1 期。

[137] 王善迈、杜育红、张晓红：《建立政府间转移支付制度的理论与制度分析》，载于《北京师范人学学报》（社会科学版）1995 年第 3 期。

[138] 王善迈、袁连生：《建立规范义务教育财政转移支付制度》，载于《教育研究》2002 年第 6 期。

[139] 王善迈：《教育服务不应产业化》，载于《求是》2001 年第 1 期。

[140] 王小红：《基于教育社会分层视角的农村学生社会流动与教育选择》，载于《中国农业大学学报》（社会科学版）2013 年第 4 期。

[141] 王延军、温娇秀：《中国农村省际间教育不平等与收入不平等的动态实证》，载于《统计与决策》2012 年第 13 期。

[142] 王英梅：《公平视角下城乡义务教育均衡发展探微》，载于《现代教育科学》2018 年第 8 期。

[143] 王元京、崔盛：《论城乡义务教育投入分配方式的转变》，载于《宏观经济研究》2009 年第 6 期。

[144] 王元京、胡凯、张榉成、高振华：《重构城乡义务教育投入模式》，载于《经济学动态》2010 年第 6 期。

[145] 王元京：《我国城乡义务教育差别的制度障碍分析》，载于《财经问题研究》2009 年第 9 期。

[146] 王自亮、陈卫锋：《公共财政支出与推进教育公共服务均等化研究——基于浙江省的案例》，载于《浙江海洋学院学报》（人文科学版）2013 年第 4 期。

[147] 吴俊培：《财政支出效益评价问题研究》，载于《财政研究》2003 年第 1 期。

[148] 吴强、刘静：《区际基本公共服务均等化的财政转移支付图解量化研究》，载于《北京工商大学学报》（社会科学版）2015 年第 3 期。

[149] 吴文侃、杨汉清：《比较教育学》，人民教育出版社 1990 年版。

[150] 武彦民、李明雨：《关于财政分配对教育公平基础性作用的实证分析》，载于《当代财经》2010 年第 2 期。

［151］［美］小弗恩·布里姆莱、鲁龙·R. 贾弗尔德：《教育财政学——因应变革时代》，窦卫霖主译，中国人民大学出版社2007年版。

［152］谢童伟、张锦华、吴方卫：《中国教育省际差距收敛分析及教育投入体制效应评价与改进》，载于《当代经济科学》2011年第4期。

［153］熊俊：《基尼系数四种估算方法的比较与选择》，载于《商业研究》2003年第23期。

［154］许建国等：《西方税收思想》，中国财政经济出版社1994年版。

［155］许庆、谢童伟：《我国农村教育差异及收敛速度研究——对31个省（市）面板数据的分析》，载于《教育发展研究》2011年第11期。

［156］［英］亚当·斯密：《国民财富的性质和原因的研究》，商务印书馆1994年版。

［157］颜敏、王维国：《教育不平等的测度与分解——基于辽宁省统计数据的实证分析》，载于《教育科学》2010年第6期。

［158］杨灿明：《政府采购问题研究》，经济科学出版社2004年版。

［159］杨灿明：《地方政府行为与区域市场结构》，载于《经济研究》2000年第11期。

［160］杨颖秀：《基础教育生均预算内公用经费支出的基尼系数考查》，载于《教育研究》2005年第9期。

［161］叶华强：《公共财政视角下我国农村义务教育供求状况分析》，载于《教育研究》2011年第11期。

［162］叶平、张传萍：《基础教育生均预算内公用经费基尼系数的再考查——兼与杨颖秀教授商榷》，载于《教育研究》2007年第2期。

［163］伊淑彪：《中国义务教育投入地区性差异的实证分析》，载于《经济与管理》2007年第1期。

［164］尹华：《实现我国城乡公共教育服务均等化的路径选择》，载于《农业经济》2013年第3期。

［165］袁连生：《论教育的产品属性、学校的市场化运作及教育市场化》，载于《教育与经济》2003年第1期。

［166］［美］约翰·E. 丘伯、泰力·M. 默：《政治、市场和学校》，蒋衡译，教育科学出版社2003年版。

［167］［英］约翰·穆勒：《政治经济学原理》，商务印书馆 1997 年版。

［168］岳昌君：《我国教育发展的省际差距比较》，载于《华中师范大学学报》（人文社会科学版）2008 年第 1 期。

［169］张朝亦、卓毅、胡春香：《当代西方预算管理研究综述》，载于《外国经济与管理》2003 年第 12 期。

［170］张钿富：《需求导向的教育经费改革趋势》，载于《教育研究月刊》2001 年第 90 期。

［171］张辉蓉、盛雅琦、宋美臻：《我国义务教育均衡发展的实践困境与应对策略——以重庆市为个案》，载于《西南大学学报》（社会科学版）2018 年第 2 期。

［172］张金马：《公共政策分析：概念·过程·方法》，人民出版社 2004 年版。

［173］张绍荣、朱德全：《区域义务教育均衡发展的政策设计与路径选择》，载于《教育与经济》2015 年第 1 期。

［174］张维平：《对中国实行绩效预算管理的思考》，载于《当代财经》2005 年第 2 期。

［175］张伟平、王继新：《信息化助力农村地区义务教育均衡发展：问题、模式及建议——基于全国 8 省 20 县（区）的调查》，载于《开放教育研究》2018 年第 24 卷第 1 期。

［176］张炜、时腾飞：《我国区域教育经费支出公平性的实证研究》，载于《中国高教研究》2009 年第 7 期。

［177］张馨：《部门预算改革研究——中国政府预算制度改革剖析》，经济科学出版社 2001 年版。

［178］张学敏：《义务教育的融合产品属性》，载于《西南师范大学学报》（人文社会科学版）2003 年第 4 期。

［179］张长征、郇志坚、李怀祖：《中国教育公平程度实证研究：1978～2004——基于教育基尼系数的测算与分析》，载于《清华大学教育研究》2006 年第 2 期。

［180］张忠华、王伟：《我国区域内义务教育均衡发展研究综述与反思》，载于《教育科学研究》2014 年第 11 期。

[181] 章志萍：《试析美国基础教育改革中的教育凭证制度》，载于《外国教育研究》2002 年第 11 期。

[182] 赵宏斌、蒋莉莉：《我国教育财政投入比例及与中低收入国家的比较》，载于《复旦教育论坛》2008 年第 4 期。

[183] 赵晶：《从胡森的教育平等观看美国的补偿教育——兼谈对我国实现教育平等的启示》，载于《河北师范大学学报》（教育科学版）2008 年第 9 期。

[184] 郑晓鸿：《教育公平界定》，载于《教育研究》1998 年第 4 期。

[185] 郅庭瑾、尚伟伟：《新型城镇化背景下义务教育基本公共服务均等的现实困境与政策构想》，载于《华东师范大学学报》（教育科学版）2015 年第 2 期。

[186] 中国教科院“义务教育均衡发展标准研究”课题组：《义务教育均衡发展国家标准研究》，载于《教育研究》2013 年第 5 期。

[187] 钟景迅：《从区域均衡到群体均衡：义务教育优质均衡发展的新思维》，载于《教育发展研究》2017 年第 8 期。

[188] 钟晓敏、赵海利：《基本公共服务均等化下的我国义务教育转移支付模型》，载于《财政研究》2009 年第 3 期。

[189] 钟晓敏、赵海利：《义务教育因素法转移支付模型》，载于《浙江社会科学》2009 年第 2 期。

[190] 钟宇平、雷万鹏：《公平视野下中国基础教育财政政策》，载于《教育与经济》2002 年第 1 期。

[191] 周金燕：《我国教育公平指标体系的建立》，载于《教育科学》2006 年第 2 期。

[192] 周玲：《英美两国义务教育财政支出的中央化趋势》，载于《教育情报参考》2003 年第 1 期。

[193] 周玉玲：《义务教育及其财政制度研究》，经济学科出版社 2005 年版。

[194] 朱德全、李鹏、宋乃庆：《中国义务教育均衡发展报告——基于〈教育规划纲要〉第三方评估 1 的证据》，载于《华东师范大学学报》（教育科学版）2017 年第 1 期。

[195] 转型期中国重大教育政策案例研究课题组：《缩小差距：中国教育政策的重大命题》，人民教育出版社 2005 年版。

[196] Adams E K, Odden A. Alternative wealth measures. *Perspectives in State School Support Programs*. Cambridge, MA: Ballinger, 1981.

[197] Alexander K, Salmon R. G. *Public school finance*, Boston: Allyn & Baeon, 1995.

[198] Picus L O, Archibald S, Goetz M, et al. Moving from good to great in Wisconsin: Funding schools adequately and doubling student performance. *Consortium for Policy Research in Education*, Wisconsin Center for Educational Research, 2007.

[199] Amanda Bennett. *The Death of The organisation Man*, NewYork: William Morrow, 1990.

[200] Angus L. Democratic participation or efficient site management: The social and political location of the self - managing school. *A Socially Critical View of the Self - managing School*, 1993.

[201] Angus M. Devolution of school governance in an Australian states school system: Third tim lucky? In D. S. G. Carter and M. H. O'Neil (eds). *Case Studies in Educational Change: an International Perspective*, London. Falmer Press, 1995.

[202] Baicker K. The spillover effects of state spending. *Journal of Public Economics*, 2005.

[203] Benson C S. Educational financing. *International Encyclopedia of Economics of Education*, 1995.

[204] Blatchford P, Mortimore P. The issue of class size for young children in schools: What can we learn from research? *Oxford Review of Education*, 1994.

[205] Brennan M. Reinventing square wheels: Planning for schools to ignore realities. *A Socially Critical View of the Self - managing School*, 1993.

[206] Caldwell B J, Hayward D. *The Future of Schools: Lessons from the Reform of Public Education*. Routledge, 2002.

[207] Caldwell B J, Levacic R, Ross K N. The role of formula funding of schools in different educational policy contexts. *Needs - based Resource Allocation in Education via Formula Funding of Schools*, 1999.

[208] Carbonaro W. Traeking, Students' Effort, and Achievement. *Sociology of Education*, 2005.

[209] CETR. Local government finance. London: Department of Environment, *Transpore and the Regions*, 1999.

[210] *Charter School Program*, http: //www. ed. gov/programs/index. html. 2009.

[211] Chon E., GeskeT. G. *The Economics of Education*, NY: Pergamon Press, 1990.

[212] Cohn E. *Economics of State Aid to Education.* Lexington, MA: Heath Lexington Books, 1974.

[213] Cubberley E. P. *School Funds and their Apportionment.* New York: Teachers College Press, 1906.

[214] David B. Tyaek. *The One Best System: A History of American Urban Education.* Harvard University Press, 1974.

[215] David C. Bruce J. *The Manufactured Crisis: Myths, Fraud, and the Attack on America's Public School.* Realing MA: Addison—Wesley Publishing Company, 1995.

[216] Education Committee. The school global budget in Victoria: Matching resources to Student learning needs. InB. Caldwell (Chair), *Final Report of the Education Committee.* Melboume: Department of Education, 1996.

[217] *Educational Testing Service.* The state of inequality. Prineeton, NJ: Education Testing Service, 1991.

[218] Edward A. Knjg. *The Shaping of the American High school.* 1880 - 1920 University of Wisconsin Press, 1969.

[219] Feldstein M S. Wealth neutrality and local choice in public education. *The American Economic Review*, 1975.

[220] Frederick Taylor. *The Principles of Scientific Management*, New York: Harper & Row, Publishers, 1911.

[221] Fullan M G, MA'rrt - raw B. *Getting Reform Right: What Works and What Doesn't*, 1992.

[222] Gamkhar S, Oates W. Asymmetries in the response to increases and decreases in intergovernmental grants: Some empirical findings. *National Tax Journal*,

1996.

[223] Gold R. Szemerenyi S. Running a school, *Legal Duties and responsibilities*, 2000.

[224] Gold S. D. *Public School Finance Programs of the United States and Canada.* Albany, NY: States of New York, 1995.

[225] Gthxie W. , Rothstein. R. . *Enablingadequacy to Achieve Reality: Translating Adequacy into State School Finance Distribution*, 1999.

[226] Ladd H. F. , Chalk R. , Harisen J. *Equity and Adequacy in Education Finance.* Washington: National Academy Press, 1999.

[227] H. Ladd, J. S. Hansen. *Making Money Matter: Financing America's Schools.* Washington: National Academy Press, 1999.

[228] H. O. Rockness. Expectancy theory in a budgetary setting: An experimental examination. *The Accounting Review*, 1977.

[229] Harold J. Leavitt. *Managerial Psychology.* Chicago: University of Chicago Press, 1964.

[230] Hmso. *Local Government Financial Report* (*England*) 1999/2000. London: her Majesty's Stationary Office, 2000.

[231] James fowman JR. Do Charter Schools Threaten Public Education? Emerging evidence from fifteen years of aquas—market for schooling, http: //www. Publieehartersorg, 2007.

[232] Ladd H. Local education expenditure, fiscal capacity, and the composition of the Property tax base, *National Tax Journal*, 1975.

[233] Ladd H. , Hansen J S. *Making Money Matter: Financing American's Schools*, Wanshington, DC: National Academy Press, 1999.

[234] Levacic R, Ross K. N. Need—base resources allocation in education via formula funding of schools Pris: UNESCO, *Internation Institute for Educational Planning*, 1999.

[235] Levin H. M. School finance In THusen & TNPostlethwaite (eds), *International Encyclopedia of Education.* New York, NY: Pergamon Press, 1994.

[236] Luvern. L. Cunningham eds. *In Education Administration: The Developing*

Decades Berkeley, CA: Mcutehan, 1977.

[237] Minorini P A, Sugarman S D. Educational adequacy and the courts: The promise and problems of moving to a new paradigm. *Equity and Adequacy in Education Finance: Issues and Perspectives*, 1999.

[238] Monk D. H. *Education Finance: An Economic Approach*, New York, NY: McGraw – Hill, 1990.

[239] Musgrave R. A, Musgrave P B. *Public Finance in Theory and Practice*, New York, NY: McGraw – Hill, 1989.

[240] Odden A, Buseh C. *Financing Schools for high Performance: Strategies for Improving the Use of Educational Resources*. San Franeisco: Jossey – Base, 1998.

[241] Odden A, Clune W H. School finance systems: Aging structures in need of renovation. *Educational Evaluation and Policy Analysis*, 1998.

[242] Odden A, Picus L. *School Finance: A Policy Perspective*. New York: McGraw – Hill, 2000.

[243] OECD. *Education at a Glance*, Paris: Organization for economic Cooperation and Development, 2001.

[244] Paul Peterson. *The Politics of School Reform*, 1870 – 1940, University of Chicago Press, 1985.

[245] Paul R. Lawrenee, Jay WLorsch. *Organizational and Enviroment Homewood*. IL: RiehardDIrwin, 1967.

[246] Pieot B. Administering for Excellence: Effective Administration in Education, *Report of the Taskforce to Review Education Administration*, Wellington, 1988.

[247] Picus L. O. Using incentives to Promote school improvement In AROdden (Ed), *Rethinking school finance: An agenda for the 1990s San Francisco*, CA: Jossey – Bass, 1992.

[248] Reieh R. *The work of Nation*, *A Blueprint for the Future*, New York: Vintage, 1991.

[249] Richard C. Fenno. *The Power of the Purse*, Boston: Little, Brown & Co, 1965.

[250] Richard H. Hall. The Concept of Bureaucreacy: An Empirical Assessment, *The American Journal of Sociology*, 1963.

[251] Rof L. Johns. The Economics and Financing of Education. Paper Presented to the Canadian Association for the Study of Educational Administration at the Annual Conference of the Canadian Society for the Study of Education, 1982.

[252] Ross K. N, Levacic R. Needs - based resource allocation in education via formula funding of schools. Paris: UNESCO, *International Institute for Educational Planning*, 1999.

[253] Ryan B. "And Your Corporate Manager Will Set You Free": Devolution in South Australian Education. *A Socially Critical View of the Self - Managing School*, 1993.

[254] Spring G. Education reform in Victoria 1992 - 1996: Schools of the FutureAddress to the 10th International Congress for School Effectiveness and Improvement. MemPhis, TH, 1997.

[255] Stephen P. Robbins. *The Administrative Process: Integrating Theory and Practice*. Englewood CliffsNJ: Prentiee - Hall, 1976.

[256] Swanson A. D, King R A. *School Finance: Its economics and Politics*, New York: Longman, 1997.

[257] Tyack D, Cuban L. *Tinkering toward utopia: A century of Public school reform*. MA: Harvard University Press, 1995.

[258] Underwood J. School finance Litigation: Legaltheories, judicial activism, and social neglect. *Journal of Education Finance*, 1995.

[259] Verstegen D, A. State Government Finances For Public Education: The Case of Virhinia. PaPer Presented at the Annual Meeting of the American Educational Reseach Association, 2000.

[260] Weiltzman M. L. The New Soviet Incentive Model. *The Bell Journal of Economies*, 1976.

[261] Wildavsky. Arron. *The Politics of the Budgetary Process*. Boston: Little Brown, 1964.

[262] Wylie C. The shift to school—based management in New Zealand - the

school view. *In D. S. G. Carter and M. H. O'Neill (eds) . Case Studies in Education Change*: *an International Perspective.* London Farmer Press, 1995.

[263] Yin Cheong Cheng, Timothy W. W. Yuen. Broad – based national education in globalization. *International Journal of Educational Management*, 2017, 31 (3).